Carnivorous Boy
Carnivorous Bird

Carnivorous Boy
Carnivorous Bird

Poetry from Poland

Selected by Marcin Baran
Edited by Anna Skucińska
& Elżbieta Wójcik-Leese

ZEPHYR PRESS
BROOKLINE, MA

Publication was assisted by grants from the Polish Cultural
Foundation, the Tiny Tiger Foundation, the Massachusetts
Cultural Council, and the National Endowment for the Arts.
This publication was also financed by the Adam Mickiewicz
Institute – ©POLAND TRANSLATION PROGRAM.

NATIONAL
ENDOWMENT
FOR THE ARTS

©POLAND

MASSACHUSETTS CULTURAL COUNCIL

Book design by *typeslowly*
Cover art work by Dmitrij Szewionkow-Kismiełow
Printed in the USA by Phoenix Color

Library of Congress Control Number: 2004100897

98765432 FIRST PRINTING IN 2004
ZEPHYR PRESS
50 KENWOOD STREET   BROOKLINE, MA 02446
www.zephyrpress.org

Acknowledgments

The editors wish to express their gratitude to the poets for their generosity and permission to reprint the poems that have inspired this book.

The editors also warmly thank Vuyelwa Carlin, Alice Kinman and Søren Gauger for their perceptive comments on the translations. Special thanks to all the translators for their enthusiasm and cooperation — hopefully, their varied translatory styles will help to better convey the originality of each of the twenty-four poets presented in the anthology.

The translations in *Carnivorous Boy Carnivorous Bird* first appeared in the following journals: *Acumen*, "Jonah" and "The Siege" by Marcin Świetlicki; *Chicago Review*, "Song of the Prague Metro" and "Italian Chronicle" by Zbigniew Machej, "Sophia Loren's Impeccable Figure and You" and "Zen and the Art of Carpet-Beating" by Tadeusz Pióro, "Responsibility" and "Sudden Rain" by Eugeniusz Tkaczyszyn-Dycki, "just an hour ago…" and "Apple" by Marzanna Bogumiła Kielar, "Vanitas; et Omnia Vanitas" and "Intellect" by Jacek Podsiadło, "An Unsuccessful Attempt at Explaining the Fundamentals of Television to the Author of *The Manikins' Ball*," "Sarajevo in Flames" and "In the Tower of Babel" by Darek Foks, "Hear! here, tough-stained days" by Miłosz Biedrzycki, "From the Heights," "Mirror" and "Of Course" by Marcin Sendecki; *The Spoon River Poetry Review*, "Shambles" and "The World" by Marcin Świetlicki, "Sacra Conversazione," "Nakedness" and "Barefoot" by Marzanna Bogumiła Kielar; *Two Lines*, "Crucifixion" by Krzysztof Koehler; *Przekładaniec*, "Decay…," "I stood…," "Kazimierz" by Zbigniew Machej, "Life on the Korea," "What Is Poetry" by Andrzej Sosnowski, "McDonald's" by Marcin Świetlicki, "Lodgings in Boczna Lubomelska Lane," "On Archaisms and Neologisms and Other Remedies for Death," "Fondling" by Eugeniusz Tkaczyszyn-Dycki, "Together," "The Munchiness of Life," "A Match" by Grzegorz Wróblewski, "Love. The Inimitable Variant" by Marcin Baran, "Dusk," "Seashore wilderness…" by Marzanna Bogumiła Kielar, "The Cistercian Monastery at Mogiła," "Germany, Bavaria," "Memory" by Krzysztof Koehler, "Night no. 40," "The Eighth Ecosophical Poem," "100 Ideas for God at Home" by Jacek Podsiadło, "Carpathian Days" by Marcin Sendecki, "Errare Humanum Est," "down from the sky…" by Artur Szlosarek, "Saturalion," "Instead" by Mariusz Grzebalski, "Night. A Little Store at the End of the Line," "The Laundry" by Dariusz Sośnicki.

Informal, Singular Duties

This is an anthology of Polish poetry which is normal and ordinary; that is, if any poetry created in any country and under any circumstances can be viewed as normal and ordinary. In Poland, since our lyric beginnings (namely, since the sixteenth century), poetry has been burdened by readers and poets alike with duties typically delegated to politicians, soldiers, priests or journalists. The political, social and cultural changes of the last decade allowed young Polish poetry to cast off this burden. Hence, in this selection you will find poems that are singular, self-contained and exceptional. Naturally, they are singular, self-contained and exceptional to the extent made possible by the twentieth and twenty-first centuries, the era of globalization and the flowering of various intellectual movements identified by the prefix *post-*. The poetry you are about to read testifies to the recurrent need to express every imaginable thought and feeling, even though some of these thoughts and feelings might have been already recorded in a slightly different form.

Out of fifty poets who could have found their way into this anthology I have selected twenty-four. What do they have in common? They were born in Poland between 1958 and 1969; moreover, all of them have moved within aesthetically and politically independent artistic circles. What distinguishes these poets are their individual imaginations and sensitivities as well as the intricacies of their poetic substance.

To assist your reading I have arranged the presented authors into eight groups of three. Such a descriptive classification is arbitrary, it reflects my private choices based on my personal tastes and convictions. Simply, it is I — Marcin Baran — who have decided which of the many features of the poets and their work can be considered prevalent and most characteristic. Another person might have done it in an entirely different fashion. As readers, then, you are dealing with the case of authoritative poetics, which is normative as well.

The first group consists of **metaphysical landscape painters** (Machej, Wojdyło, Sośnicki). These are poets who rely primarily on sensual experience to achieve the formidable impression of metaphysical homeliness and alienation.

> Mold
> conquers even the chimneys, even
> the black helmet of the burnt-out synagogue.
> There are also other, more desperate
> signs of life: on the crooked
> balconies drying, white
> diapers.
>> (Z. Machej "Kazimierz")

The representatives of the second group are **verbal test pilots** (Sosnowski, Kozioł, Pióro). They move within intellectual, emotional and lyric conventions: more or less recognizable, deeply-rooted in tradition though, at the same time, contemporary. They use these conventions to test the capacity and endurance of present-day language, to challenge current sensitivity and sensibility. Their strategies of distancing, irony and distrust towards the majority of commonly held opinions are toned down by intellectual bravado and personal charm.

> In the film he made a much worse impression:
> he chewed bread, spat out olive stones,
> stared at the fabricated landscape. Now can be seen
> the sharp contour of every small leaf, white rocks
> on the hills, the bishop's sepulcher
> in black basalt, the epitaph from Tully
> but when I hear the word "Browning" I release the safety catch
> on culture because I expect whole-page
> photos in a popular newspaper:
>> (T. Pióro "Sophia Loren's Impeccable Figure and You")

Next come **songsters of confession** (Świetlicki, Podsiadło, Śliwka). In their eloquent and abundant verse they hope to contain every single experience of their lives. They struggle to remain loyal to the events and emotions described, as these constitute the very essence of their poetry. This does not mean, however, that they accept everything that comes their way. On the contrary, their poems usually create a model arrangement: "me, singular and relatively honest, against the treacherous world of the crowd."

Night intersperses the sheets of days with carbon paper,
hours and activities are duplicated...
        (J. Podsiadło "Song about My Enclave")

In the beginning is my head in my hands.
        (M. Świetlicki "The World")

I hurt and I ache
        (M. Świetlicki "Progress")

Sometimes I'm a hamburger.
        (M. Świetlicki "McDonald's")

and felt I was
digested.
        (M. Świetlicki "Jonah")

Then follow **anarchists of pain** (Wilczyk, Wróblewski, Wiedemann). Poetry in general seems the domain of tender and sensitive individuals, yet the empathy of these poets is exceptional. Their poems do not offer consolation; they record premonitions of misfortune about to befall us. The record of this awareness cannot divert the course of events, but its revelatory power is purifying.

That is, I guess, what we know people for, to say goodbye one day:
casually and nonchalantly, and not for ever, but still.
        (A. Wiedemann "Goodbyes")

The fifth group contains **sensual mystics** (Tkaczyszyn-Dycki, Baran, Koehler). Their religious (Christian) inspirations interweave in their poems with the telluric and the carnal. The outcomes of their lyric endeavors range from orthodoxy to heresy.

when for years a dead man has been your home
why therefore do you keep changing flats
        (E. Tkaczyszyn-Dycki "Lodgings in Boczna
        Lubomelska Lane")

And that moment when, reading Mickiewicz,
I understood I would always betray whoever
there was to betray, because there was no
point from which I could begin
to count.
(K. Koehler "Memory")

The **crystalline lyric poets** (Kielar, Szlosarek, Grzebalski)
compose poems that are simple yet sublime. Paradoxically, they
present the world as a space of astonishing clarity — despite all the
interhuman entanglements of an emotional and cultural nature; despite
inherent physiological afflictions delineating the painful borders of
human life.

I pick up the fruit, it is all mold; pure string
of silence, of death plucked by chance.
…
you fall to dust, go by (love), and with you that
which does not matter, which wakes the tenderness anew,
(the small scar on your thumb, the horn-rimmed glasses),
without a trace, skilfully.
(M.B. Kielar "Apple")

The penultimate group unites **humorists of despair** (Jaworski,
Foks, Biedrzycki). Inside desperately hypocritical cultural systems,
inside existential systems inert with stereotype, they come to grips
with the molochs. Their main weapon is humor, which should not,
however, obscure the drama of their poems.

The foot
is a symbol of eternity.
I have two feet.
(K. Jaworski "The Night of Long Knives")

wonder who'll be chosen for the Jews this time
(MLB "(Henryk Grynberg)")

And finally, **gnomic essentialists** (Sendecki, Bonowicz, Suska). With several sparse verses they can create a world at once physical, heavenly and metaphoric. They can be perceived as either concrete or hermetic. Both descriptions ring true.

A bird eats a fish

> in the air and it looks like a sign
> long awaited. Displayed above
> them on the wrong day.
> (W. Bonowicz "39°")

All of these poets (the twenty-four of them) are, to some extent and in their own particular way, confessional. As every single one of them seems to claim: if I happen to be writing a poem, it may as well have to be a confession, a confession that touches everything and upon everything.

And thus, in a constant confusion of mystification and authenticity, distance and directness, representational skepticism and mimetic euphoria, game playing and honesty, the poets presented here perform their informal, singular duties towards language and the human condition.

Here may reside the strength of these poets and of their poetry.

For although poetry is "certainly no survival strategy/ or a way of life," still "For those who know/ nothing, image is consolation." (A. Sosnowski "What Is Poetry"); although "no doubt you'll have it/ that what I write doesn't make a difference to anyone/ that it just plain doesn't matter and you're right," still "it does matter hell yes it matters/ because that was what happened to me" (K. Jaworski "I'll Wait a Bit Yet").

—Marcin Baran
trans. Elżbieta Wójcik-Leese

Carnivorous Boy
Carnivorous Bird

Z **bigniew Machej** (b.1958, Cieszyn), after reading
Polish Literature and Religious Studies at the Jagiellonian
University in Kraków, worked as a schoolteacher and,
following the changes of 1989, as a diplomat in Prague. His books
of poems include *Smakosze, kochankowie i płatni mordercy*
(Gourmets, Lovers and Contract Killers, 1984), *Śpiąca muza*
(Sleeping Muse, 1988), *Trzeci brzeg* (Third Shore, 1992), *Legendy
praskiego metra* (Legends of the Prague Metro, 1996), and *Kraina
wiecznych zer* (Realm of Eternal Zeros, 2000). He has translated
such Czech authors as Ivan Blatný, Miroslav Holub, Tomáš Kafka,
Jiří Kolář, Jan Skácel, and Jáchym Topol. His work has been
awarded a prize for literature by the Polish independent magazine
Arka.

trans. Elżbieta Wójcik-Leese & W. Martin

Gnicie,
majestatyczne gnicie
przelewa się
przez martwe serce
wróbla. Sinawa smuga
przecina
popołudniowe niebo.

Decay,
magnificent decay
overflows
the dead heart
of a sparrow. A livid streak
cuts across
the afternoon sky.

trans. Elżbieta Wójcik-Leese

Kazimierz

W dzielnicach ruder słoneczne
idiocieje światło. Bełkoce weneryczny
kalejdoskop szyb. Okiennice i progi
próchnieją, rdza wżera się wściekle
w zamki u drzwi, wygania z parapetów
senne koty. W starych ścianach
piętrowo puchnie grzyb. Na złuszczonych
poręczach schodów do piwnicy
czuwają samotne szczury. Podwórza
są pijane stęchlizną i kwaśnym
zapachem pomyj, ich ślepe
zaułki wyparowują mocz. Pleśń
zdobywa nawet kominy, nawet
czarny hełm wypalonej synagogi.
Są także inne, bardziej rozpaczliwe
oznaki życia: na wykrzywionych
balkonach białe, suszące się
pieluchy.

Kazimierz

In ramshackle neighborhoods the sun's
light loses its wits. A venereal kaleidoscope
of panes gibbers. Shutters and thresholds
rot, rust viciously gnaws
into the locks of doors, chases drowsing
cats off sills. In the old walls
a tiered fungus swells. On the flaking
handrails of the stairs to the basement
solitary rats keep guard. The courtyards
are drunk on rankness and the sour
odor of dishwater, urine
evaporates in their blind corners. Mold
conquers even the chimneys, even
the black helmet of the burnt-out synagogue.
There are also other, more desperate
signs of life: on the crooked
balconies drying, white
diapers.

Mógłbym

Mógłbym ułożyć wiersz o twoich nogach
śpieszących do mnie w przedwiosenny wieczór
lub szusujących w słońcu z Kasprowego,
o twoich drobnych, ale mocnych dłoniach
tnących lancetem płazy w Instytucie,
o twoich ustach i o makijażach,
które smakują bardziej niż brzoskwinie.
O twoich oczach bez szkieł kontaktowych.

Mógłbym napisać wiersz o twoich piersiach
kształtnych i miłych jak dwa kocie pyski,
o twoich biodrach i szczupłych ramionach,
koszulach, szalach i sukienkach ślicznych,
o fortepianie, na którym ćwiczyłaś
gdy nadchodziła pora poobiednia
proste sonaty starych mistrzów z Wiednia.
O twych podróżach i przyjaźniach wszystkich.

Mógłbym opisać, choćby w paru wierszach,
co wyprawiałaś będąc ze mną w kinie
kiedy cię znudził film *A statek płynie*.
Mógłbym ułożyć wiersz o tobie całej
i o dniu twoim każdym, każdej nocy,
lecz na pisanie już nie mam ochoty
skoro zgubiłem gdzieś swój zmysł liryczny.
Bardziej niż słowa liczą się pieszczoty.

Could

I could compose a poem about your legs
hurrying to meet me on an early spring evening
or slaloming down the Kasprowy in the sun,
about your hands, diminutive but strong,
lancing the skin of amphibians in the Institute,
about your lips and all your cosmetics
more delicious by far than apricots.
About your eyes minus the contact lenses.

I could write a poem about your breasts
well-formed and friendly like two feline muzzles,
about your hips and your slender shoulders,
your nightgowns, shirts, shawls, and dainty dresses,
about the piano at which you rehearsed
when time had come to retire after dinner
simple sonatas by old Viennese masters.
About your travels and your far-flung friendships.

I could describe, at least in a few lines,
what you did that time we were at the movies
to see *And the Ship Sails On* and you got bored.
I could compose a poem about the whole of you,
about each of your days, and about each night,
but writing does not thrill me any more
since I misplaced my lyrical finesse.
What counts more than words? It's the caresses.

Stałem przy oknie.
Nagle
szyba owinęła się
wokół mojej głowy.
Bezdźwięcznie.
Bezboleśnie.
Doskonale.

I stood by the window.
At once
the pane wrapped itself
round my head.
Soundless.
Painless.
Perfect.

trans. Elżbieta Wójcik-Leese

Liryka praskiego metra

W przeddzień Wigilii wracałem do domu
metrem. Była godzina szczytu.
W rozpędzonym wagonie
między stacją Dworzec Główny

a stacją Muzeum, stałem przyparty
do drzwi, z nosem przy ciemnej,
zimnej szybie. Ludzie napierali
na mnie z boku i z tyłu.

Raptem jakieś łydki, pośladki
i plecy przywarły do moich łydek,
pośladków i pleców.

Odwróciłem głowę i kątem oka
dostrzegłem, że to jakaś krótkowłosa
blondynka, którą właśnie całował

jakiś brodaty rudzielec z kolczykiem
w uchu, oparła się o mnie jak o ścianę.
Odczułem jej ciało —

wyprężone, uległe tamtemu, niecierpliwe —
choć oddzielało mnie od niej
kilka warstw zimowego ubrania.

Trwało to chwilę (nie dłużej
niż odczytanie na głos jednej zwrotki
sonetu) i było podniecające,
wzbudziło nawet niespodziewaną

erekcję. Pełnokrwistą, lecz nadaremną
i przebrzmiałą już na najbliższej stacji,
gdzie wysiadło sporo ludzi
i zrobiło się o wiele luźniej.

Song of the Prague Metro

The day before Christmas I returned home
on the metro. It was rush hour.
I stood in the accelerating car
from Central Station to

Museum, squashed against
the door, my nose to its dark,
cold window. People were pushing
against me from the sides and from behind.

All at once some calves, buttocks,
and a back got stuck to my calves,
buttocks, and back.

I turned my head and saw out of the corner
of my eye that it was just some short-haired
blonde woman being kissed

by a red-haired guy with a beard and an earring,
leaning against me as if I were a wall.
I could feel her body —

arcing, giving in to him, impatient —
although I was separated from her
by several layers of winter clothing.

It lasted only a moment (no longer
than it takes to read one stanza
of a sonnet out loud) and it aroused me,
it even gave me an unexpected

erection. Full-blooded, if pointless,
and all over by the next station,
when a lot of people got out
and there was a lot more space free.

Kroniki włoskie

Wczoraj samoloty NATO dokonały wreszcie nalotu na
serbskie pozycje w Srebrenicy. Zaatakowały dwa
serbskie czołgi. (...) Wszystkie uczestniczące w nalocie
maszyny powróciły bezpiecznie do bazy NATO
w AvianoweWłoszech.

Z wiadomości agencyjnych

Znużeni słońcem i nudą plaży
siedzieliśmy o zmierzchu na tarasie.
Mieliśmy sól we włosach, upał jeszcze parzył
nasze skóry inkrustowane gdzieniegdzie iskrami piachu.
Byliśmy po kolacji i piliśmy wino.
Nie chciało nam się myśleć, mówić, nawet marzyć.
Trawiąc i miło wegetując (ale czyż bycie z rodziną
na wakacjach
to nie jest najszczęśliwsza w świecie,
boska wegetacja?) patrzyliśmy przed siebie:

    na szarorudych dachach gasło światło dnia
    i sosny o wygiętych groteskowo pniach
    mroczniały w labiryncie żywopłotów,
    tui, wierzb i cyprysów. Spoza drzew i dachów

    przezierało morze odbijające ciemność
    gęstniejącą w niebie.
    I świat był prawie gotów
    na przyjęcie nocy.

    Bo tylko płomykówki miały wszcząć swój wrzask
    piskliwy, przenikliwy i raczej ponury,
    by go potem powtarzać całą noc raz w raz

    i ciemność mogła znowu zacierać kontury
    wszystkich rzeczy począwszy od najodleglejszych
    takich jak widnokrąg…

Italian Chronicle

*"Yesterday NATO air forces finally attacked Serb
positions in Srebrenica. They bombed two Serb
tanks … All participants in the attack returned
safely to the NATO base in Aviano, Italy."*
　　　　　　　　　—News agency brief

Exhausted by the sun and the boredom of the beach
we sat on the terrace at twilight.
We had salt in our hair, the heat continued to scorch
our skin, encrusted in places with sparks of sand.
Supper was over and we were drinking wine.
We did not want to think, or talk, or even dream.
Digesting, and happily vegetating (and isn't being with one's family
on vacation
the happiest, most divine sort
of vegetation ever?) we were looking out in front of us:

　　　　on the greyish-red roofs daylight was fading
　　　　and pines with grotesquely twisted trunks
　　　　were darkening in a maze of hedgerows, cedars,
　　　　poplars, and cypresses. Beyond the trees and roofs

　　　　the sea lurked, reflecting darkness
　　　　thickening in the sky.
　　　　And the world was almost ready
　　　　to receive the night.

　　　　Since only owls were meant to begin their screeching,
　　　　shrill, sharp, and rather somber,
　　　　in order to repeat it all night over and over,

　　　　and so darkness could once again erase the contours
　　　　of all things, beginning with those most distant,
　　　　like the horizon…

I właśnie tam, w oddali,
na morzu, któregośmy się wtedy bardziej domyślali
niż je widzieli, zobaczyliśmy nagle błysk…
Błysk od strony Chorwacji…
I potem, tam, na horyzoncie,
wynurzyła się z nocy
świetlista gąsienica…
Podwójna kolia białych świateł…
To nic, to nic, to był tylko wielki
wycieczkowy statek…

czerwiec–lipiec 1995

And it was there, in the distance,
over the sea that was more conjectured
than actually seen, that we spotted a sudden flash...
A flash of light from the Croatian side.
And then, there, on the horizon,
out of the night emerged
a radiant caterpillar...
A double collar of white lights...
There, there, it was nothing, just an enormous
cruise ship.

June-July 1995

photo by Elżbieta Lempp

M **arek Wojdyło** (b.1958, Oświęcim) studied Philosophy and Polish Literature at the Jagiellonian University in Kraków. He works as a schoolteacher. His volumes of poetry are *Podeptana uroda świata* (Trampled Beauty of the World, 1985, published under the pen name Jeremiah) and *Kraina lenistwa* (Land of Idleness, 1994). He has received the prestigious Kościelski Foundation Prize.

trans. Ewa Chruściel

Sekrety natury i uroki wszechrzeczy

Pożądanie, miłosne uniesienie
metali, żywiołów powietrza i wody,
taniec godowy korali i muszli
wśród ryb o pyskach wiecznie zdumionych,
a nade wszystko epopeja piasku,
sekretne drżenie nieruchomej masy,
korowód weselny molekuł, atomów
poddanych trwałemu, powszechnemu prawu
na moment tworzą piękno. Boleśnie nietrwałe,
odbite w zmęczonych oczach ziemianina.

Secrets of Nature and Charms of the Universe

Desire, love rapture
of metals, the elements of water and air,
the nuptial dance of shells and corals
among the fish with mouths eternally dumbfounded,
and, most of all, the epic of sand,
the secret throbbing of inert substance,
the bridal procession of atoms and molecules
subject to abiding and prevalent law
for a moment create beauty. Painfully fleeting,
reflected in the weary eyes of a terrestrial.

Przed burzą

Wysiadamy. Na peronie
marszczy się napis na koszulce
„Ja was lubliu". Sędziwa
zakonnica stoi nieruchomo
obok ławki. Tłumek pasażerów
odpływa do Casablanki.
Restauracji opodal dworca.
W gazecie oblicza się koszty
sierpniowej wizyty Papieża.
Cicho, lepko, lekki wiatr.
Fioletowa chmura skrytobójczyni
za chwilę dostąpi oczyszczenia.

Before the Storm

We get off. On the platform
the words "Ja vas lubliu" crinkle
on a T-shirt. A venerable
nun stands still
beside the bench. A flock of passengers
sails off to Casablanca.
A restaurant close to the station.
The newspaper works out
the costs of the Pope's visit in August.
It's quiet, sticky, breezy.
Any moment the purple cloud of
the hitwoman will attain absolution.

Siła ciążenia

Cienki most majaczy rozświetloną pręgą,
zmierzch września, upadek dnia,
stado łabędzi śpi czujnie na rzece,
czarna pościel lekko się marszczy,
na drugim brzegu gotycka wieża
wzbija się w niebo koloru granatu.
Idę przedmieściem Oświęcimia mozolnie
pod górę, gdzie króluje remontowana
właśnie kamienica Heberfelda.
Wszyscy podróżni już opuścili
moje miasto, z którym łączy
mnie tylko siła ciążenia,
nieufność kotów, natręctwo wron,
i dociekliwość ksiąg meldunkowych.
Tylko ludzie przytuleni do siebie
na staromodnym spacerze ulicami
patrzący w mrok, gdzie czai się wiatr.

Law of Gravitation

A thin bridge looms with a lit streak,
September twilight, decline of the day,
a flock of swans sleep watchfully on the river,
black sheets are creasing lightly,
on the other side a gothic tower
soars into the sky of navy blue.
I'm climbing up the outskirts of Oświęcim
where rules the Haberfeld tenement,
under renovation.
All the travellers have left
my city which I'm only connected to
by the law of gravitation,
distrust of cats, obtrusiveness of crows,
inquisitiveness of registration books.
Only people hugging
on an old-fashioned stroll
looking into dusk, where the wind lurks.

Wieczorny film

Najpierw przyśniła mi się
niemądra koleżanka z klasy,
którą w szkole chwytałem za kolano.
Wieczorem oglądałem w filmie „Lotna"
rotmistrza gładzącego biały koński zad,
gdy skończyło się już lato
i spadały z nieba pierwsze
złote i martwe liście jesieni.
Potem znów zapadłem w sen,
by obudzić się na finał
wiecznie ten sam: końską pęcinę
niemiłosiernie wplecioną
w żelazne koło przewróconego pojazdu.

An Evening Show

First I dreamt about
a silly girl, a classmate
I used to grab by her knee.
In the evening I watched the film *Lotna*:
the cavalry captain stroking the mare's white rump,
as summer was drawing to its end
and the first golden and dead autumn
leaves were falling down from the sky.
Then I fell into my dreams again,
to wake to the finale
always the same: fetlock
unmercifully entwined
in the iron wheel of an overturned cart.

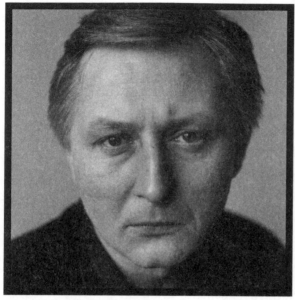

photo by Wojciech Wilczyk

Andrzej Sosnowski (b.1959, Warsaw) is a poet, translator, essayist, admirer of Raymond Roussel, and expert on British soccer teams. A graduate in English at Warsaw University, he works as a lecturer and editor of the monthly *Literatura na Świecie*. His collections include *Życie na Korei* (Life on the Korea, 1992), *Nouvelles impressions d'Amerique* (1994), *Sezon na Helu* (The Season in Hel, 1994), *Stancje* (Lodgings, 1997), *Konwój. Opera* (Convoy. Opera, 1999), and *Zoom* (2000). He has translated poems by John Ashbery, John Cage, Ronald Firbank, Harry Mathews, Ezra Pound, and Edmund White among others. He has received the Kazimiera Iłłakowiczówna Prize, the Kościelski Foundation Prize, and the Poetry Prize of the monthly *Odra*; he has also been nominated for the NIKE Prize (the most prestigious literary award in Poland).

trans. Wiesław Powaga
and Charles Boyle

Życie na Korei

Może już czas powołać się na szczęście,
może nie przyprą cię do muru, może nie staniesz
oniemiały z ustami spiętymi wstydem gęsto
tłumacząc się z anachronizmu. Tylko pomyśl:
twoje prędkie słowa są znowu przeczuciem
upalnych żniw i tego zachwytu o zmierzchu,
kiedy ruszają tańce, oszałamiające
antycypacje tych zdawkowych miłostek
orzeźwiających jak cierpkie jabłuszko,
które zrywasz od niechcenia przechodząc przez sad,
nagryzasz i odrzucasz. I życie jest tak nagle
rozkosznym przeciąganiem się, protekcjonalnym
ziewnięciem do słońca: już tu jesteś
staruszku? I wy, kochane ptaszyska?
Tak. Proponuję obrządek i pacierz,
i martwię się. Oby ci się udało,
obyś nie zemdlał na szynach, na których dni
grzmią w błyszczących sleepingach,
a noce stoją w wagonach towarowych
pod sygnałem. Rozum troszeczkę przysypia,
zmysły zajmują kolejkę i znów biorą mnie
bardzo piękne sprawy: jabłka, woda, mleko,
przeczyste powietrze. A kiedy pojmiesz,
że na ten czy inny kwadrans absolutnie
nie zasłużyłeś, będziesz mógł się napić,
pogruchotać sobie świat i nareszcie
zreflektować się.

Life on the Korea

It's time perhaps to call on your luck,
perhaps they won't shove you against the wall,
perhaps you won't stand there, mute,
embarrassed, trying to explain
an anachronism. Just think:
your quick words have changed again
into a prescience of harvests and that elation at dusk
when dancing begins, the thrilling
anticipation of one-night affairs, intense
as those bitter apples one picks strolling
through a garden, bitten and discarded.
Life suddenly becomes a pleasing stretch,
an easeful yawn: so, sun, you're back?
You too, beaked friends? Yes. I propose
a ritual and a prayer, and I worry. I do
hope you'll succeed, that you won't
collapse on the tracks down which days
thunder past in radiant sleepers, while nights,
freight trains held back by the signal, wait. Reason
dozes off, the senses queue up and I'm ravished
again by fantastic things: apple, water, milk,
crystal clear air. The moment you understand
that these or any other fifteen minutes
you simply don't deserve, you'll be able
to drink, to smash your own world
and see it.

Czym jest poezja

Zapewne nie jest strategią przetrwania,
ani sposobem na życie. Twój upór jest śmieszny,
kiedy wspominasz zaklęte jeziora,
szumiące bory i głuche jaskinie, w których głos
idzie echem i pewnie trwa wieki. Groty
Sybilli? Ważne są liście i jeszcze rym
„głos-los", bo głosy prą na świat i losy
właśnie liściom powierzają miana.
Ale spróbuj je schwytać! Tylko spróbuj
dotknąć ziemi i polecieć dalej
jak płaski kamyk po wodzie — ile razy?
Pięć czy dwanaście? Seria wierszy i odbić,
seria liści, a przecież wszystkie kamyki i liście
leżą jeden przy drugim w odwiecznym porządku,
kształty nieprzejrzyste. Zatem jest jaskinia,
albo tyci pokój. Ale ten podmuch!
Przeciąg, gdy otwierasz drzwi i wiatr
rozprasza liście, a świat staje dęba
i słowa idą jak confetti w rozsypkę.
Lecz nie patrz wilkiem i nie odchodź jeszcze
z odętymi ustami. Żadnej zwłoki nie żałuj,
bo może sama zaśpiewa? Może nagle powie
jakie są ludy i wojny, jakie mozoły i rejsy,
jak sprawy stoją, a jak interesy?

A dla nie znających rzeczy obraz jest pociechą.

What Is Poetry

It's certainly no survival strategy
or a way of life. Ridiculous to insist
on enchanted lakes, forests, hollow caves
where a voice echoes and may never die.
Sibyl's grottoes? Leaves
are important, and the rhyme between "voice"
and "fate." Voices fly out to the world,
where leaves go fate determines.
But just try to catch them — try to graze the earth
and skim away like a flat pebble
over water. How many times? Five
or twelve? A series of verses and reflections,
a series of leaves, and yet all pebbles and leaves
lie adjacent in eternal order, unfathomable
constellations. So there is a cave,
or tiny room. But that draught! That gust
when you open the door and the wind
scatters the leaves, the world runs amok,
and words are sent flying like confetti.
Just don't give me that look. Don't leave me
with that curl on your lips. And spare no
delay — one day you may hear it sing
of wars and peoples, travels, troubles,
the ways of this world. For those who know
nothing, image is consolation.

Powstanie pewnej kolonii

Posterunki, patrole, dekrety, aż wreszcie
przyszli miejscowi, i żeby tylko nic im tu nie
poprzestawiać! A my: wolnego! Z tym cmentarzem
na południe i w ogóle rozproszyć
po podmiejskich działkach, przebić
przestronne arterie i tunele, wznieść
napowietrzną kolejkę, wykopać kanały
i puścić motorówki, promy, wodoloty i precz
z pamiątkami: niech na mapie zarysują się
sylwetki buldożerów, powiedział
(przykładając zapałkę do planu miasta),
tu będzie teatr działań. A później?
Spuścić mgłę. O zmierzchu
tylko śmiech chłopca w ociemniałym podwórku
odpowie barwie czasu, który ich opuścił
pytając o przestrzeń, o jakiej nie śnili.

Establishing a Colony

Sentry boxes, patrols, decrees, till in the end
the locals turned up and said we mustn't move a thing.
And we — Easy!
South with this cemetery and disperse it
throughout the suburban allotments, cut
spacious arteries and tunnels, raise
aerial railways, dig canals and launch
speedboats, ferries, hovercrafts and out
with memorials: let the plan bloom
with the contours of bulldozers, he said
(putting a match to the map),
here shall be our theatre of war.
And later? Bring down the fog. At dusk
only a boy's laughter in a blind alley
shall answer to that shade of time which has left them,
searching for space they haven't dreamed of.

trans. Wiesław Powaga

Powstanie innej kolonii

I trzeba im urządzić jakieś wiadomości,
enigmatyczne sondaże, raporty
o liczbie kroków baleriny na próbie
generalnej i eteryczne ujęcia
śniegu na Antarktyce, błysku skrzydeł
motyla w pyle andyjskiego wodospadu
non stop na żywo i bez komentarza.
I same pełzające pasma. A kontrola?
Czy wyszła z mody sztuka umierania?
Bez inicjałów. Swobodnie nieswoi
pójdą gęsiego przez obce terytorium
szukając przygód poza tym grafikiem.

Establishing Another Colony

And they'll have their news set up:
enigmatic opinion polls, reports
on the number of steps taken by ballerinas
at dress rehearsals; and atmospheric shots
of Antarctic snow, of the gleam on the wings
of a butterfly in the mist of Andean rapids,
nonstop, live and without comments.
Only prime time spots. And control?
Has the art of dying gone out of fashion?
No initials. Gracefully ill-at-ease,
they'll troop in file across a foreign land
seeking adventures beyond the watershed.

trans. Wiesław Powaga

Sezon na Helu

Banquo: It will be rain tonight.
1ˢᵗ Murderer: Let it come down.

Spóźnieni wchodzimy w lato, nasze zegarki
zostawmy na plaży. Czas też
miewa przygody, na przykład za chwilę
twój słoneczny sygnet zniknie w mokrym piasku
zachodząc w ulewie stóp tej smagłej gromadki.
I wilgoć będzie mogła śnić swój sen o muzeum
snując się wzdłuż sprężyn i kamieni
i parując pod złotą kopertą
aż po kres morza i czasu.

Co noc z moją panią wypijam pół litra.
Ubrani tak samo na randkę, chandrę i do pracy
niekiedy istotnie zdarzamy się czasowi,
fosforyzujące punkty na krótkiej wskazówce
półwyspu nad tarczą morza. I tak bardzo
jej potrzeba przestrzeni do życia lecz my
mamy serca w plecaku i tylko sprzątamy
las starych umocnień, faszynowe płotki
zasypiając czas lekką stopą
zasypany w piasku.

Tak niweluje się wydmy w służbie czasu.
Przydarzasz się słońcu, kiedy indziej chmurom
ale nader rzadko, więc nosisz się zagadkowo
wkręcając czas butem w piach jak niedopałek.
A czasem znów z morską latarnią przy ustach
odwracamy światło i nadajemy się rano
w kopertach bez adresu. I pada deszcz.
Nieruchome grzywacze piętrzą się nad nami.
O spotkaniu naszych oczu będą milczeć media
choć zapadły na nim decyzje wyjątkowej wagi.

Season in Hel

Banquo: It will be rain tonight.
1ˢᵗ Murderer: Let it come down.

We've entered the summer late, let's leave
our watches on the beach. Time too
has its adventures. For instance, in a minute,
your sun-like signet will disappear in the wet sand,
having set in a torrent of feet of that swarthy little group.
And moisture will be able to dream its dream of a museum,
mooning about springs and rubies,
steaming under the golden watchcase
till the end of sea and time.

Every night we hit the bottle, me and my lady.
Dressed for a date, for work and play, or for spleen,
sometimes we do happen to time:
phosphorescent points on the peninsula's short hand
above the face of the sea. And she needs space
to live so much. But our hearts are still
in our knapsacks, and we only work here,
putting time to sleep light-footedly
buried in the sand.

That's how sand dunes are levelled out for time's sake.
You happen to the sun, sometimes to the clouds,
though rarely. That's why you give yourself the air
of mystery, squashing time in the sand like a fag-end,
with a twist of your boot. Or again, with a lighthouse at our lips
we turn the light round and in the morning we post ourselves
in unaddressed envelopes. And it rains.
The crests of motionless waves tower above us.
There will be no comment on the meeting of our eyes,
though it has led to decisions of great consequence.

trans. Wiesław Powaga

Andrzej Sosnowski ⌇ 39

K uba Kozioł (b.1960, Lublin) is a poet and translator. He has published the volume of verse *Dom bez kantów* (House without Corners, 1992) in co-operation with Andrzej Sosnowski and Tadeusz Pióro. He has translated poetry by Ezra Pound and prose by Harry Mathews.

trans. W. Martin

W tej poezji...
(poemat)

A. Każdy prawdziwy artysta ma swoją jedną podstawową obsesję, która przełożona na język sztuki staje się wyrazistym motywem przewodnim jego dzieł — w tej poezji takim ciągle na nowo powracającym motywem jest samotność.

B. W tej poezji najważniejszą inspiracją i punktem odniesienia jest wszystko to, co składa się na ekwipunek duchowy, a zwłaszcza estetyczny, Europejczyka końca XX wieku — począwszy od jego korzeni śródziemnomorskich.

C. W tej poezji pojawia się coś, co można by określić mianem „metafizycznego konkretu" — nie ma tu bowiem wyraźnych prób zatarcia związków wiersza z rzeczywistością, a jednak obrazy, choć zawsze bardzo konkretne, niejako „wzięte żywcem" z widzialnego świata, zdają się być wyjęte ze swego zwykłego podłoża i osadzone w pustej, chłodnej przestrzeni — jakby po drugiej stronie czasu.

D. W tej poezji świat przeżyć najgłębiej osobistych, intymnych, spotyka się boleśnie z bezlitosnym mechanizmem narodowych dziejów, z tym, co można by nazwać przemożnym ciśnieniem historii.

E. W tej poezji nie ma śladu zaangażowania w społeczną rzeczywistość, odpowiedzialności za losy narodu, „problematyki"— dominuje tu zmysłowość, erotyka bez niedopowiedzeń i secesyjnych ornamentów: skóra ocierająca się o skórę, pośladki wciskające się w podbrzusze, kobiece ciało wyginające się w łuk, kiedy przebiega przez nie spazm, gardłowy jęk, ostry zapach potu i nieprzenikniona czerń rozszerzających się źrenic, która przypomina o nierozerwalnym związku Erosa z Thanatosem.

In This Poetry…
(a poem)

A. Every true artist has a single fundamental obsession all his own, which, translated into the language of art, becomes the unmistakable leitmotif of his *œuvre* — in this poetry, the motif that keeps recurring over and over is that of loneliness.

B. In this poetry, the most important inspiration and point of reference is the totality of the spiritual and, especially, the aesthetic equipment of late-twentieth-century European man — beginning with his Mediterranean roots.

C. In this poetry, something is revealed that could be described as "metaphysical concreteness" — for while there are no direct attempts here to efface the poem's ties to reality, its images, though always highly concrete, "life-like" as it were, appear to be removed from their usual context and installed instead in the cold void of outer space — as if on the other side of time.

D. In this poetry, a poignant encounter takes place between the world of one's most deeply personal and intimate experiences and the cruel mechanism of the nation's past, what one could call the irresistible pressure of history.

E. In this poetry, all traces of engagement with social reality, of feeling responsible for the nation's destiny, or of any "issues" at all, are absent — the dominant feature here is sensuality, an eroticism free of innuendo and secessionist-style ornament: skin rubbing against skin, buttocks pushed into groin, the woman's body arching each time a spasm courses through it, a throaty moan, the sharp smell of sweat, and the widening pupils' impenetrable blackness, reminiscent of the inseparable bond of Eros and Thanatos.

F. W tej poezji pochylamy się nad materią rozedrganą i gęstą od znaczeń — ruchome dno egzystencji, w którym odbija się ta migotliwa wizja świata, w przebłyskach ukazuje jednak twarde jak skała podłoże.

G. W tej poezji, w takiej lub innej postaci, stale powraca motyw utraty — jakże charakterystyczny u autorów, którzy w młodości opuścili wieś, aby zamieszkać w dużym ośrodku, gdzie dane im było doświadczyć wielkomiejskiego poczucia wykorzenienia — nostalgiczne obrazy ze świata, który przeminął, są dramatyczną próbą ocalenia czasu, kiedy wszystko wydawało się bliskie na wyciągnięcie ręki, kiedy zmysły wiarygodnie świadczyły o szczęściu tak naturalnym i oczywistym, że aż niezauważalnym.

H. W tej poezji wyraźny jest wpływ literatury amerykańskiej — z jej charakterystycznym przywiązaniem do konkretności obrazowania, witalizmem i antyintelektualizmem.

I. W tej poezji wszelkie doświadczenie egzystencji jest widziane w stale tych samych wymiarach — cielesności, biologii i przemijalności.

J. W tej poezji uporczywie powraca pytanie o język — jest oczywiste, że poeta językowi nie dowierza, boi się jego nieprzystawalności do rzeczywistego świata, a także (lub może przede wszystkim) ma świadomość, że słowa, często te najważniejsze, pokrywa gruby osad totalitaryzmu, uniemożliwiający prawdziwą rozmowę; że właśnie należałoby pójść za sugestią Victora Klemperera, autora LTI — i wiele z nich zakopać (jak to czynią Żydzi z nieczystymi naczyniami) na całe lata w ziemi.

F. In this poetry, we lean out over a material that is resonant and dense with meanings — the shifting ground of existence, in which a shimmering vision of the world is reflected, though the reflections themselves reveal a floor as hard as stone.

G. In this poetry, in one form or another, we are confronted at all times with the motif of loss — so characteristic of writers who in their youth moved from the country to the big city, where they were given to experience that urban feeling of uprootedness — these nostalgic images of a vanishing world constitute a dramatic attempt to preserve a time when everything seemed within reach, when the senses faithfully bore witness to a happiness so natural and self-evident that it went unnoticed.

H. In this poetry, the influence of American literature, with its characteristic attachment to concrete imagery, vitalism, and anti-intellectualism, is conspicuous.

I. In this poetry, all existential experiences are represented in exactly the same dimensions — the body, biology, transitoriness.

J. In this poetry, the question of language keeps stubbornly returning — it is clear that the poet does not trust it, that the poet fears its lack of correspondence to the real world, and, moreover (and perhaps above all), that the poet is aware that words, often the most important ones, are caked with a thick residue of totalitarianism, making true discourse impossible; so that actually it would be worth following the suggestion of Victor Klemperer, author of *Lingua Tertii Imperium*, and just as the Jews do with their dirty dishes, bury many of these words and leave them for years underground.

K. W tej poezji obowiązuje zwięzłość i konkret — krótsze utwory, składające się często z kilku zaledwie linijek, pozwalają myśleć o możliwym wpływie praktyki imagistów lub nawet japońskich mistrzów formy haiku: w każdym z nich, niby w kropli wody, zawarty jest niewielki wszechświat, intensywny i pełen wewnętrznych napięć.

L. W tej poezji mamy do czynienia z konsekwentną, wielopoziomową negacją, będącą zapewne próbą „oczyszczenia pola" po załamaniu się w odczuciu autora wszelkich dotychczasowych podstaw życia indywidualnego i zbiorowego, postawą, która naraziła go na liczne oskarżenia o nihilizm — zarzut o tyle bezsensowny, że już w samym akcie pisania wiersza (prawdopodobnie z myślą o jakimś czytelniku) zawarty jest oczywisty horyzont jego negacji.

Ł. W tej poezji obecna jest stale świadomość, że słowo pisane może stać się lekarstwem na ludzki ból — albo trucizną: poeta stara się tu używać słów prostych i czystych, takich jak „chleb", „woda", „stół", „kamień", „łza", „drzewo", dzięki czemu dane jest nam pochylić się nad wierszami głębokimi i zarazem krzepiącymi niczym serdeczny uścisk dłoni.

M. W tej poezji obrazy, w których, jak owad w bursztynie, zawarty jest zawsze jakiś strzępek widzialnego, jakieś minimalistyczne pars pro toto, nie są zapisem spotkania z otaczającym światem, tej chwili bycia w nim jak-u-siebie-w-domu, przeciwnie: wieje od nich chłodem, utrwalają bowiem momenty szczególnie intensywnego poczucia odrębności, inności, wyobcowania.

N. W tej poezji na pierwszy plan wysuwa się skłonność autora do aforyzmów połączona z rzadkim darem formułowania pewnego rodzaju banałów — mających do siebie to, że na skutek nawet nieznacznego obrotu rzeczy zmieniają się niezawodnie w błyskotliwe odkrycia.

K. In this poetry, concision and concreteness rule — the shorter works, many consisting of a few lines only, may suggest the possible influence of Imagism or even of Japanese haiku: like a drop of water, each contains a miniature universe charged and fraught with inner tensions.

L. In this poetry, we are brought face to face with a consistent, many-layered negation, clearly an attempt to "clear the field" after what the author feels is the breakdown of all hitherto existing foundations of individual and collective life, an attitude that has subjected him to numerous accusations of nihilism — a charge that makes no sense inasmuch as the evident horizon of the poem's negation is already contained in the act of writing it (probably with some reader in mind).

Ł. In this poetry, there is an ever-present awareness that the written word can serve either as an antidote for human pain — or as venom: the poet attempts to use words that are simple and pure, like "bread," "water," "table," "stone," "tears," "wood," and that permit us to lean out over poems at once both deep and as comforting as a warm handshake.

M. In this poetry, the images, which always contain like an insect in amber some shred of the visible, some minimalist pars pro toto, are by no means records of encounters with the outside world, of that moment of being-at-home in the world; on the contrary: they radiate cold, sustaining as they do moments of especially intense dissociation, difference, and alienation.

N. In this poetry, the author's penchant for aphorisms is brought to the fore in tandem with his rare talent for constructing certain types of cliché — the ones in which as a result of even the most insignificant turns of events things are transformed unfailingly into spectacular disclosures.

O. W tej poezji — spod migocącej tysiącem barw powierzchni pełnej językowych zabaw i zawsze cudownie egzotycznych nazw miejsc — wyraźnie daje się słyszeć głos moralisty, wypowiadający jednak nie ów zinstytucjonalizowany morał chrześcijański czy jakąś jego pochodną, ale ekskluzywne przesłanie spod znaku Nietzschego i Foucaulta.

P. W tej poezji, należącej niewątpliwie do nurtu wiejskiego w literaturze polskiej, otrzymujemy zaproszenie do świata położonego na styku Natury i Kultury, a zatem, niejako siłą rzeczy, bliżej Prawdy, która często ma tutaj zapach nagrzanej słońcem łąki albo rozgniecionej w dłoni grudki wilgotnej, świeżo przeoranej ziemi.

R. W tej poezji na pierwszy plan wysuwa się aspekt formalny — budowa wierszy, jeśli nie opiera się na którejś z misternych form włoskich lub prowansalskich (villanella, sonet, sestyna, itp.), podporządkowana jest zawsze jakiejś rygorystycznej metodzie, natomiast ich materiał jest zwykle ostentacyjnie marginalny albo wręcz przypadkowy; jakby poprzez złożoną, metodyczną konstrukcję autor próbował zwrócić naszą uwagę na nieuniknione podobieństwo wiersza do maszyny.

S. W tej poezji stale obecny jest ton rozmowy — nie z Bogiem, Absolutem, Wszechświatem, ale z inną osobą, którą wcale nie musi być zaraz utracona tragicznie kochanka, w związku z czym różne podwyższone tonacje — żarliwej modlitwy, lęku i rozpaczy — pojawiają się tu rzadziej niż „zwykła" sympatia, żart, uśmiech, irytacja lub niesmak.

T. W tej poezji nie znajdziemy powtarzających się w różnych kontekstach kluczowych pojęć czy symboli, które nieomylnie sygnalizują głębię i zapraszają do pogłębionej lektury, z drugiej jednak strony, szukając takich powtórzeń, zauważamy, że

O. In this poetry, we hear from under its glittering, thousand-hued surface of linguistic games and wonderfully exotic place names the clear voice of a moralist, which broadcasts, however, not the institutionalized morality of Christianity or any of its derivatives, but an exclusive dispatch bearing the sign of Nietzsche and Foucault.

P. In this poetry, which no doubt belongs to the pastoral trend in Polish literature, we are transported to a world that is situated at the juncture of Nature and Culture, and that thus is naturally, as it were, close to the Truth, which here is as fragrant as a meadow in the hot, summer sun, or clods of moist, freshly plowed earth crumbled in our hands.

R. In this poetry, it is the formal aspect that is brought to the fore — the poems' composition, if it is not based on one of the sophisticated Italian or Provencal forms (e.g. the villanelle, the sonnet, the sestina), always follows some rigorous method, while their content is, in general, ostentatiously negligible, even accidental; as if by means of its complex, methodical construction the poet was trying to bring to our attention the poem's unavoidable resemblance to a machine.

S. In this poetry, the tone is always conversational — though the interlocutor is not God, the Absolute, or the Universe, but another person (and not necessarily some tragically lost lover either), hence various elevated tonalities — zealous prayer, fear, desperation — occur here less frequently than "mere" sympathy, joking, humor, irritation, or disgust.

T. In this poetry, we will not discover recurring in various contexts key ideas or symbols, which unequivocally signify depth and invite the reader to ever thicker interpretations;

spójnik „i" częściej niż zwykle i z pewną dozą ostentacji „spaja" tu ze sobą elementy (pierniki, wiatraki) nie mające, poza doświadczeniem i/lub widzimisię autora, wiele ze sobą wspólnego: „i" jak indywidualność, „i" jak idiosynkrazja.

U. W tej poezji zwiedzamy zakurzone dworce, pachnące szczyną bramy, w których niedomyci robotnicy budowlani piją tanie wino „z gwinta", przyglądamy się śpiącej na śmietniku starej pijaczce albo prowadzonej przez trójkę Arabów nieletniej prostytutce i ani przez chwilę nie wątpimy, że wszystkie te miejsca i sytuacje pod wieloma względami przypominają Rzeczywistość.

W. W tej poezji nie dostajemy zaproszenia na „Duchową Ucztę", nie ma mowy o parującym pieczystym, grubych karpiach, potrawach tak dobrze znanych, że aż przepysznych — znajdujemy się raczej na polowaniu, a język jest jak biegnący przodem pies myśliwski, buszujący pośród wysokich traw i gęstych zarośli, być może na tropie czegoś, o czym nie mamy jeszcze żadnego pojęcia.

Y. W tej poezji dziejąca się właśnie teraźniejszość jest zawsze tylko kolejną aktualizacją starego mitu, baśni albo rodzinnej legendy — liczne postacie zaludniające te wiersze są (przy całym ich czarze) zwykłymi kukiełkami zamkniętymi w obrębie mechanicznie powtarzających się intryg i fabuł.

Z. W tej poezji wszechobecny jest motyw wędrówki — nie z Bordeaux do Nürtingen, ale zawsze.

on the other hand, however, in seeking out such repetitions, we may find that the conjunction "*i*" ["and"] occurs more often than usual and, with a certain modicum of ostentation, "conjoins" together elements (i.e. square pegs, round holes) that otherwise, aside from the author's experience and/or point of view, have nothing in common: "*i*" as in individuality, "*i*" as in idiosyncrasy.

U. In this poetry, we find ourselves visiting dusty railway stations, entryways rank with piss, where grimy manual laborers drink cheap wine straight from the bottle; and as we observe an old drunken woman sleeping in the filth or an underage prostitute being led away by a trio of Arabs, we do not doubt for a moment that all these places and situations are in so many respects reminders of Reality.

W. In this poetry, we are not invited to "feast our souls"; there is no roasted meat or fat carp to speak of, nor dishes so well known they actually taste delicious — instead, we find ourselves on the hunt, with language running ahead like a retriever, plundering the high grasses and thick shrubs, on the trail of something, perhaps, though what it is we still have no idea.

Y. In this poetry, the present moment is nothing more than yet another realization of an old myth, a fairy tale, or a local legend — the numerous figures that people these poems are, for all their charm, ordinary puppets kept within the precincts of mechanically repeated intrigues and plots.

Z. In this poetry, the motif of the journey is ubiquitous — not from Bordeaux to Nürtingen, but still.

photo by Wojciech Wilczyk

Tadeusz Pióro (b.1960), poet, translator, and gourmet, spent his childhood in Africa, read English at the University in Seattle, and lectured at Berkeley University. Back in Poland, he works as the editor-in-chief on the translation board of the state publishing house PIW, lectures at Warsaw University, and reviews American literary and social magazines for the Warsaw-based monthly *Twórczość*. His volumes of poetry are *Okęcie* (Okęcie Airport, 1993), *Wiersze okolicznościowe* (Occasional Verse, 1997), and *Syntetyczność* (Syntheticality, 1998). He has translated several plays by John Ashbery (in collaboration with Andrzej Sosnowski) as well as works by James Joyce, Paul de Man, and Edmund White.

trans. Bill Johnston

Bez znieczulenia

Kamerun podbił Argentynę, lecz nieposkromione lwy
dostały manto od machiny wojennej Związku Radzieckiego.
Czechosłowacja pokazała amerykańskim oportunistom
co to defenestracja i zmogła austriackiego tyrana
z paluszkiem. Szkoci rozłożyli na łopatki Szwedów lecz
cóż, Kostaryka rozniosła ich na szablach tak, że mieli się
z pyszna. Niemcy zadali śmiercionośny cios Arabom
zjednoczonym w Emiratach i zjedli Jugosłowian z rogami.
Zjednoczenie Emiratów nie potrafiło oprzeć się federacji
republik jugosłowiańskich która starła je na puch.
Włosi rozbili Amerykanów w drobny mak, a Belgowie
obrócili Urugwaj w perzynę. Pychę Teutonów
poskromili kolumbijscy metysi. Zakusy Szwedów
ukrócili Brazylijczycy pamiętnym basarunkiem
lecz grająca na cztery ręce Argentyna wrzepiła
tęgie baty zapalczywym chłopcom znad brzegów Amazonki.
Zanim Anglicy zdołali osiodłać Egipcjan, potomkowie faraonów
przytarli rogów Irlandczykom i Holendrom. Hiszpania
owinęła sobie koło palca Koreańczyków, którym Urugwaj
też zadał bobu. Kostarykanie wzięli za frak Brazylię
lecz radość krótko trwała bo Czechosłowacja rozgromiła ich
do szczętu. Rumunia ucięła łeb Związkowi Radzieckiemu
ale Kamerun pokonał ją jej własną bronią. Niemcy
spacyfikowali Holendrów, wbijając ich na pal, Urugwaj
poił Hiszpanię piołunem, piekąc ją na wolnym ogniu,
podczas gdy Belgia stłukła Koreę na kwaśne jabłko.
Włosi dali Austrii fangę w nos i kamień na kamieniu
nie pozostał z dawnego imperium. Argentyna zalała
sadła za skórę stronie radzieckiej, którą złapała kolka,
zaś Amerykanie, wzięci w dwa ognie przez Austriaków,
pojechali do Abrahama na piwo. Kolumbia
wzięła w kocioł Zjednoczone Emiraty Arabskie,

The Manifest

Cameroon conquered Argentina, but the invincible lions were unmanned
by the Soviet war machine. Czechoslovakia showed the American
opportunists a thing or two about defenestration and laid the Austrian
tyrant to rest. The Scots spiked the guns of the Swedes,
but Costa Rica was their undoing. Germany dismembered
the United Arab Emirates and blew Yugoslavia to bits.
The Arab Emirates were powerless against the confederated
Yugoslavs, who flayed them alive. Italy rode roughshod over
America, while Belgium crushed Uruguay to a pulp.
Teutonic pride was humbled by the trigger-happy Colombians,
Swedish ambition got the third degree from Brazil, and yet it was
Argentina who led that Brazilian samba all the way
to the chair. England barely had time to clip Egypt's wings
before the pharaohs' descendents nipped Ireland in the bud and mummified
the Netherlands. Spain bludgeoned Korea into obedience and Uruguay only
hastened their end. The Costa Ricans put Brazil to the sword
but their joy was short-lived, for Czechoslovakia trod them
underfoot. Romania beheaded the Soviet Union but Cameroon gave
as good as it got. The Germans impaled the Dutch,
Uruguay was the ruin of Spain, Belgium burned Korea
at the stake. Italy cremated Austria in a burst of poetic
jurisprudence, Argentina tarred and feathered the Soviets,
who promptly bit the dust, while the Americans, gored on all sides
by the Swedes, shuffled off their mortal coil. Columbia
exacted its pound of flesh from the United Arab Emirates

Irlandia wpędziła Rumunię do trumny — noga za nogą
jak się należy — a Włosi darli pasy z Urugwajczyków
aż przecięli pasmo dni ich żywota. Po srogiej
rąbaninie Jugosławia skróciła Hiszpanie o głowę,
Anglia zmiotła z powierzchni ziemi Belgię, Argentyńczycy
zaszlachtowali i wykrwawili Jugosłowian, Niemcy
położyli trupem Anglików i długo nurzali się we krwi
swych ofiar. Anglicy postawili kosy na sztorc i ruszyli
na Włochów, lecz skończyło się to kolejnym rozbiorem.
Ósmego lipca Niemcy nakryły Argentynę białym
prześcieradłem i położyły nogami w stronę wybuchu.

and Ireland treated Romania to rack and thumbscrew
alike. Uruguay underwent vivisection at the hands
of the Italians, Yugoslavia signed Spain's death warrant (but was
embalmed, alas, by Argentina), England crucified Belgium
yet had its own throat cut by Germany, who gave no quarter,
so the English took up arms against Italy and were swiftly consigned
to earth. On July 8th, Germany spread a white sheet over Argentina
and pointed its feet in the direction of the blast.

translated by the author

Pożegnanie z poezją

Pewnie coś mi jest, bo po każdym powrocie tyle było powodów do
śmiechu. Uszczypliwość anestezjologa, fałszywa skromność
praktykantek, nawet ta przykra czkawka na śniegu wzbudzały twą
radość i mogłem do rana powtarzać tę samą historię, dodając coraz to
nowe szczegóły, smutniejsze nawet niż złoty ząb Kena Keseya.
Butelkę dwunastoletniej Delmore wypełniliśmy ziemią z doniczki by
zamienić ją później na mizerne stypendium, które nie rozjaśniało
pamięci, a jeszcze później na coś tajemniczego, we śnie. Nie
chciałem niczego ukrywać, lecz nie mogłem siedzieć po uszy w
dyniach i powtarzać jak stary Murzyn: „kopalnie węgla nie są
konieczne, ale jeśli zrezygnujemy z Szekspira, stracimy i Walię, i
Jamajkę." A mimo to ta słodka dwunastka nie wpłynęła na trzeźwość
mych sądów i gdy najdłuższe ręce stulecia sięgały w otchłań,
wznosiłem toast za twój welon, niezbadany niczym wyroki rewolucji.
Cóż, okazało się, że to nie był twój język ani mój wynalazek i choć
wiem, że bogowie zrobili manko, moja pieśń ich nie wytropi.
Zostawię ci parę pamiątek (ta się nie liczy, mam własny egzemplarz)
no i wyślij mi kartkę jak już będziesz coś wiedzieć. *Bye bye now.*

Farewell to Poetry

There's probably something the matter with me, because after each return there were so many reasons for laughter. The anesthesiologist's sarcasm, the fake modesty of the trainees, even those unpleasant hiccups on the snow brought you joy and I was able to repeat the same story till morning, continually adding new details sadder even than Ken Kesey's golden tooth. The bottle of twelve-year-old Delmore we filled with soil from a flowerpot so as later to turn it into a paltry stipend, which did not enlighten the memory, and later still into something mysterious, in a dream. I didn't want to hide anything, but I couldn't sit up to my ears in pumpkins and repeat like an old black man: "Coalmines are not necessary, but if we give up Shakespeare, we'll lose both Wales and Jamaica." And despite this that sweet number twelve did not affect the sobriety of my judgment and as the longest hands of the century reached into the abyss, I raised a toast to your veil, inscrutable like the verdicts of revolutions. And what transpired: that it was neither your language nor my invention and while I know that the gods left room for wastage, my song will not track them down. I'll leave you a few mementoes (this one doesn't count, I have my own copy), and send me a card when you know something. *Bye bye now.*

Nienaganna figura Sofii Loren i ty

W filmie wypadł o wiele gorzej:
żuł chleb, wypluwał pestki oliwek
oglądał zmyślony krajobraz. Teraz widać
ostro kontur każdego listka, białe kamienie
na wzgórzach, grobowiec biskupa
z czarnego bazaltu, epitafium z Tuliusza
ale słyszę „Browning" i odbezpieczam
kulturę bo spodziewam się zdjęcia
na całą stronę jakiejś poczytnej gazety:
o ósmej rano siedzę na ławce
z martwą Murzynką żeby ktoś to kupił
i przekazał w darze konkretnemu muzeum
w którym Chrystus śpi za kierownicą
trabanta, w deszczu, na moście z widokiem
na plażę, pustą, poważną plażę.

Sophia Loren's Impeccable Figure and You

In the film he made a much worse impression:
he chewed bread, spat out olive stones,
stared at the fabricated landscape. Now can be seen
the sharp contour of every small leaf, white rocks
on the hills, the bishop's sepulcher
in black basalt, the epitaph from Tully
but when I hear the word "Browning" I release the safety catch
on culture because I expect whole-page
photos in a popular newspaper:
at eight in the morning I sit on a bench
with a dead black woman so that someone will buy it
and bequeath it to a specific museum
in which Christ is asleep at the wheel
of a Trabant, in the rain, on a bridge with a view
of the beach, the deserted, solemn beach.

Zen i sztuka trzepania dywanów

Najlepsze były te z Chin, z krótkim lontem,
w sreberku barwnym jak smok w noworocznym
pochodzie: zero błysku, za to wielki huk.
Po te cudeńka jeździło się specjalnie do Chinatown
układało w teczce ostrożnie, jakby miały serca
z Semtexu, i wracało do Berkeley z nadzieją
że oto jest sposób na życie, dosadny,
bezpretensjonalny. Przez calutki adwent
dawaliśmy czadu, Tristanowi o włos nie urwało
ręki, a kiedy zabrakło petard
strzelaliśmy korkami od Moët et Chandon
rzucaliśmy kośćmi zjedzonych zwierząt
w końcu – zaschniętymi prezerwatywami
(to też jakiś sposób na życie)
i dopiero w Wieczór Trzech Króli
sięgaliśmy po bombki z choinek.
Suchy, bezbarwny trzask
nikłe refleksy świateł latarni
magiczna aura zadowolenia
wyjebanych dziewczyn z zagrody Kirke.

Tu jest inaczej, bardziej świątobliwie
choć prawdę wciąż mierzy się w karpiach
a opłatkiem zwiastuje pieniądze i władzę:
tu fikcje rodzą się bardziej miarowo
w pozornej zgodzie z menstrualnym cyklem
niezironizowanej przyrody, w rytm dostaw
z wielkiego stadionu po wschodniej stronie Wisły:
wybuch – i zorza, popromienna jak wzrok
zwierząt z okolic Czarnobylu.
Lecz nie ma to wpływu na klimat podwórek
i można by mówić o surowym pięknie

Zen and the Art of Carpet-Beating

Best of all were the ones from China, with the short fuse,
in silver foil colorful as a dragon in a New Year's Day
parade: no flash, but a huge bang.
For those little wonders we used to drive specially to Chinatown,
put them gingerly in the briefcase, as if they had hearts
made of Semtex, and go back to Berkeley with the hope
that this was an approach to life, straightforward,
unpretentious. Throughout the whole of Advent
we had a ball, Tristan came within an inch
of having his hand blown off, and when the firecrackers ran out
we fired Moët et Chandon corks
we threw the bones of eaten animals
and finally dried-up condoms
(that too is an approach to life)
and it was not until Epiphany
that we resorted to the baubles from Christmas trees.
A dry, colorless crack
faint glimmers of the lights of a lantern
the magic aura of satisfaction
of the fucked-up girls from the Kirke farm.

Here things are different, more pious
though the truth is still measured in carp
while money and power are presaged by the Christmas wafer:
here fictions are born more regularly
in ostensible accord with the menstrual cycle
of an unironized nature, into the rhythm of supplies
from the big stadium on the east bank of the Vistula:
an explosion — and daybreak, radioactive as the gaze
of animals from Chernobyl.
But this has no influence on the climate of courtyards
and one might talk of the severe beauty

zwyczajnego trzepaka z żelaza
tylko do kogo ta mowa?
Po trzydniowych obrządkach
różowiutcy jak szynka
marzymy już tylko o metamorfozie
gwałtownej i hucznej jak najnowsza muzyka
i zamieniamy się w słuch.

of an ordinary iron carpet beating frame
but who are you talking to?
After three days of ceremonies
we are pinker than ham
and dream now only of a metamorphosis
as violent and clamorous as contemporary music
and we are all ears.

photo by Wojciech Wilczyk

M **arcin Świetlicki** (b.1961, Lublin) studied Polish Literature at the Jagiellonian University in Kraków, but did not complete his studies and was drafted. Afterwards he tried various jobs until he took up the post of a proofreader at the liberal Catholic weekly *Tygodnik Powszechny*, where he has been employed to date. He has also worked on the editorial board of the quarterly *bruLion*. His collections include *Zimne kraje* (Cold Countries, 1992), *Schizma* (Schism, 1994), *Trzecia połowa* (Third Half, 1996), *37 wierszy o wódce i papierosach* (37 poems on vodka and cigarettes, 1996), and *Pieśni profana* (Songs of the Profaner, 1998). In 1995 he founded the post-punk band Świetliki (two guitars, bass and drums), to whose accompaniment he recites his poems. The group has released three MC/CDs. He co-edited (with Marcin Baran and Marcin Sendecki) the poetry anthology *Długie pożegnanie. Tribute to Raymond Chandler / The Long Goodbye. Tribute to Raymond Chandler*. He has received the Poetry Prize of the quarterly *bruLion*, the Trakl Prize and the Kościelski Foundation Prize, and twice been nominated for the NIKE Prize.

trans. Elżbieta Wójcik-Leese

Jonasz

Młoda zima, bezśnieżnie. Och, dzisiejszy wieczór
uczynił z tej ulicy wnętrze wieloryba.
Byłbym nie zauważył, lecz w sklepie warzywnym
sprzedawano fragmenty podmorskich zarośli
— i neony w tej chwili zaczęły wysyłać
mgłę i wilgoć. Kałuże pełne tranu i krwi.
Przy krawężniku znalazłem muszelkę
i poczułem, że jestem
trawiony.

Jonah

Young winter, no snow. Oh, today's evening
turned this street into the inside of a whale.
I wouldn't have noticed, but at the greengrocer's
they were selling fragments of undersea scrub
— and the neon lights at that very moment started to emit
fog and wetness. Puddles full of whale oil and blood.
Along the curb I found a small shell
and felt I was
digested.

Pobojowisko

Leży przy moim boku. Udaje, że śpi.
Czy coś ładnego zostanie z tych zniszczeń?
Już zabiliśmy wszystko. Jasne ćmy
szyb dotykają z obu stron. Jest pokój.
Tymczasem cicho.

Sto razy zaznaczała, że mnie nie chce.
Wypróbowałem jednak wszystkie
męskie sposoby. Jest. Jest
przy moim boku na cudzym tapczanie.
Przegrała. Zwyciężyła. Zwyciężyłem. Przegrałem.

Leży. Ubrany — usiadłem daleko.
Patrzę i palę papierosa. Patrzę.
Przewrócone, stłuczone dwie szklanki z herbatą.
Popielniczka, a w niej dwa długie niedopałki.
Kiedy otworzy oczy — ja otworzę ogień.

Shambles

She's lying beside me. Pretending sleep.
Will anything good survive this destruction?
We've already killed everything. Bright moths
touch the panes from both sides. There's peace.
So far silence.

A hundred times she stressed she didn't want me.
I tried, however, every single
male trick. She's here. She is
beside me on somebody else's bed.
She's lost. Won. I've won. Lost.

She's lying. Dressed — I sit apart.
I'm looking and smoking. Looking.
Two fallen, broken glasses with tea.
An ashtray, in it two long cigarette ends.
When she opens her eyes — I will open fire.

Świat

Na początku jest moja głowa w moich rękach.
Następnie z tego miejsca rozchodzą się koła.
Koło stół kwadratowy. Koło pokój. Koło
kamienica. Koło ulica. Koło miasto. Koło
kraj. I kontynent opasany kołem.
Koło półkula. Koło. Koło wszystko.
Na samym końcu jest maleńka kropla.

The World

In the beginning is my head in my hands.
Then from this place circles ripple out.
A circle the square table. A circle the room. A circle
the tenement house. A circle the street. A circle the town. A circle
the country. And the continent girded with a circle.
A circle the hemisphere. A circle. A circle everything.
At the very end there is a droplet.

McDonald's

Znajduję ślad twoich zębów w obcym mieście.
Znajduję ślad twoich zębów na swoim ramieniu.
Znajduję ślad twoich zębów w lustrze.
Czasami jestem hamburgerem.

Czasami jestem hamburgerem.
Sterczy ze mnie sałata i musztarda cieknie.
Czasami jestem podobny śmiertelnie
do wszystkich innych hamburgerów.

Pierwsza warstwa: skóra.
Druga warstwa: krew.
Trzecia warstwa: kości.
Czwarta warstwa: dusza.

A ślad
twoich zębów
jest najgłębiej,
najgłębiej.

McDonald's

I find marks of your teeth in a strange city.
I find marks of your teeth on my arm.
I find marks of your teeth in a mirror.
Sometimes I'm a hamburger.

Sometimes I'm a hamburger.
Lettuce sticks out of me, mustard drips.
Sometimes I am dead like
all the other hamburgers.

First layer: skin.
Second layer: blood.
Third layer: bones.
Fourth layer: soul.

And the marks
of your teeth
are the deepest,
most deeply.

Oblężenie

Nie opuścimy tej kawiarni!
Na znak wierności przykładamy usta
do wielokrotnie odciśniętych śladów
szminki na filiżankach.

Jeśli ojczyzna nie przyszła tu z nami
— musimy nazwać ojczyzną to miejsce,
a to, co z zewnątrz nas oblega, jest
także naszą ojczyzną, dopiero teraz chce nas.

The Siege

We will not leave this cafe!
As a sign of fidelity we put our lips
against the multiple imprints
of lipstick on the cups.

If our fatherland has not come here with us
— we have to call this place a fatherland,
and what's besieging us from outside is
also our fatherland, only now it wants us.

Postępy

w cieniu i w ciemnych okularach, oczy
są otwarte na oślep, ja kabłąk i embrion,
pierwsza ostatnia litera, na kacu,
w suszy, na mchu pełnym ostrych
roślinnych drobin, w poprzek trasy mrówek,
niedaleko lotniska helikopterowych
ważek, na kacu i w suszy, gdy las
schyla się zgodnie z wiatrem, prosta prawidłowość,
ja nie zmieniam pozycji, ani drgnę, las trzeszczy,

w cieniu, co się zaciska, zmniejsza, zawęża i pętli,
w zapachu mułu, wśród mulistych muszli
porzuconych na ścieżce, która wiedzie pewnie
do ludzi, ludzie są tu również
niedaleko, brązowy nagi chłopczyk
oraz jasna, dopiero przez słońce lizana
kobieta, moja i mój, oni rozmawiają,
słyszę, że rozmawiają i nie słyszę o czym,
nie patrzę na nich, patrzę w słońce, w cieniu,

nie rzucam cienia, jestem w cieniu, jestem
cieniem, na kacu, na mchu, embrion, kabłąk, ja,
zredukowany i redukujący

coraz bardziej, na kacu, na mchu, na kłującym
leśnym poszyciu, w którymś z absurdalnie
czarnych, to coś ma znaczyć, podkoszulków, bolę i uwieram,

a miałem nie.

Advance

in the shade and in dark glasses, the eyes
are wide open blindly, me a gnarl and an embryo,
first last letter, with a hangover,
in the drought, on the moss full of sharp
bits of plants, across the route of ants,
not far from the helipad of helicopter
dragonflies, with a hangover, in the drought, when the trees
bend in accord with the wind, regular regularity,
I do not change my position, not a stir, the trees creak

in the shade, it tightens up, shrinks, narrows down and loops
in the smell of the slime, among slimy shells
abandoned on the path which must lead
to people, and people are here as well,
nearby a naked brown little boy
with a pale woman barely licked by the sun,
one mine, the other also mine, they are talking,
I can hear them talk and I can't hear what about,
I don't look at them, I look into the sun, in the shade

I don't cast a shadow, I am in the shade, I am
a shadow, with a hangover, on the moss, an embryo, gnarl, me,
reduced and reducing

more and more, with a hangover, on the moss, on the prickly
brushwood, in one of the absurdly
black, this must mean something, T-shirts, I hurt and I ache

but I wasn't meant to.

photo by Elżbieta Lempp

Wojciech Wilczyk (b.1961, Kraków), poet, photographer and graduate in Polish Literature from the Jagiellonian University in Kraków, has published the pamphlet *Canis Lupus, Kraina Wilka* (Canis Lupus. Land of the Wolf, 1997), and the volume *Steppenwolf* (1997). As a photographer, he co-operated with Marcin Świetlicki on the publication of *20 niezapomnianych przebojów i 10 kultowych fotografii* (20 Unforgettable Hits and 10 Cult Photographs, 1996) and with Marcin Baran on *Tanero* (1998). He has also edited *Antologia* (Anthology, 1999), a selection of poetry and prose by Polish authors born after 1960. His photographs of fellow writers have often been chosen as covers for their publications.

trans. Justyn Hunia

Fragment

Stół stoi pod oknem,
jest stary, ciężki i odrapany.
Ciemny skraj okna to rama obrazu,
który jest portretem drzewa;
liście opadły i wraz z nimi moja twarz.

Fragment

A table stands by the window,
it's old, heavy, and scuffed.
The dark edge of the window frames a picture
which is a portrait of a tree;
the leaves have fallen, and with them my face.

Kresy (II)

Duży zaniedbany dworzec, nad którym
rosyjskie Migi schodzą do lądowania.
Przyjeżdża piętrowy pociąg z Legnicy,
odjadę takim samym dopiero za cztery
godziny. Lokomotywa pachnąca naftą
dygocze na jałowym biegu, nad łysą głową
maszynisty żegluje pasemko dymu.
Słoneczne popołudnie, które zakryje niebawem
chłodna łapa listopada. Od strony miasta
ktoś przechodzi przez tory. To wszystko
się powtarza. Nie ma po co umierać.

Borderland (II)

A large run-down railway station, above it
Russian Migs swoop down on the airstrip.
A double-decker from Legnica pulls in,
I'll only be getting on it in four
hours. Its engine, smelling of oil,
bumps coasting at idling speed, a streak of smoke
sails over the driver's bald head.
A sunny afternoon, soon to be clouded by
the cold paw of November. From town
someone crosses the rails. Everything
comes full circle. There is no reason to die.

1 maja

Wczoraj ktoś oblał Mauzoleum benzyną
i podpalił, *ogień szybko ugaszono, sprawcę
aresztowano* — czytam kolejny raz w gazecie
leżąc w łóżku, nie wiem która godzina
i nie bardzo chcę wiedzieć. W naszym domu?
kobiece głosy śpiewają refren *Pust wsiegda
budiet sonce* — tak, wiem jest rok tysiąc
dziewięćset dziewięćdziesiąty, więc wychodzę
na balkon, żeby sprawdzić. To nie u nas, obok,
na parterze. Przed domem pusto, wszystkie flagi
(za sprawą deszczu) wiszą jak szmaty. Wracam
do łóżka i nastawiam *Combat Rock,* bardzo
głośno, ale nawet nie słucham, nie czekam
na Ginsberga w *Ghetto defendant.* Trochę śpię
trochę czytam, więcej śpię. Zamykam oczy
i otwieram — to pierwsze jest
najprzyjemniejsze.

The First of May

Yesterday someone doused the Mausoleum with petrol
and set it alight, *the fire was put out promptly, the arsonist
was arrested* — I read once again in the paper,
lying in bed, I don't know what time it is
and don't want to know. In our house?
female voices chant the refrain *Pust vsiegda
budiet sonce* — yes, I know it's the year
nineteen ninety, so I go out
onto the balcony to check. Not our house, the next one
on the first floor. The street is empty, all the flags
(because of rain) hang like mops. I go back
to bed and put on *Combat Rock*, very
loud, but I don't even listen, I don't wait
for Ginsberg in *Ghetto Defendant*. I sleep a bit,
read a bit, mainly sleep. I close
and open my eyes — the former is
the most pleasing.

W stronę Placu Niebiańskiego Spokoju (1972)

W siedemdziesiątym drugim roku w Budapeszcie,
w którejś przecznicy niedaleko *Rakoczy utja*
stanąłem, żeby zobaczyć jak tynkują fasadę
olbrzymiej kamienicy, chyba z początku wieku.

Plastikowa siatka szczelnie otulała rusztowanie,
ale w miejscu gdzie sięgało długie ramię dźwigu,
widać było wyrwany kęs muru i ściegi
płytkich otworów biegnące ku oknu.

W sąsiednim domu odnowionym wcześniej,
jakby zamarłym pod powłoką świeżej farby,
migotał neon *Bistro* i pachniało kawą.

Potem odkryłem, że w całej dzielnicy
jest więcej takich śladów. Dzieci w czerwonych chustach
wracały ze szkoły (bo był już wrzesień) i iskrzyły
pałąki trolejbusów, nasycając ulice ozonem.

Toward the Square of Heavenly Peace (1972)

Nineteen seventy two, Budapest,
on one of the side streets close to *Rakoczy utja*
I paused to watch them plaster the façade
of a huge tenement house, perhaps turn of the century.

The plastic netting closely coated the scaffolding,
but just where the crane's long arm had reached,
I could see the ripped-off morsel of the wall and seams
of shallow holes running up to the window.

In a neighbouring house, recently renovated
as if dead still under a fresh coat of paint,
Bistro neon flickered, and it smelt of coffee.

Later on I discovered that the whole district
bore more such traces. Children in red scarves
were returning from school (it was already September),
the hulks of streetcars sparkled, filling the streets with ozone.

W maju. Nad ranem. (1997)

W nocy spadł deszcz.

Nasz dom przykryty kożuchem liści, ciężko oddycha.

Ktoś, kto zbyt mocno ściska mokre wiosło,
słabiej napina łuk.

May. Morning. (1997)

The night was rainy.

Our house, under a fur coat of leaves, wheezes.

The one who holds the wet oar too tight
weakly draws the bow.

photo by Elżbieta Lempp

E ugeniusz Tkaczyszyn-Dycki (b.1962, Wólka Krowicka), after graduating in Polish Literature from the Maria Curie-Skłodowska University in Lublin, worked as a schoolteacher. He has published *Nenia i inne wiersze* (Nenia and Other Poems, 1990), *Peregrynarz* (Peregrinary, 1992), *Młodzieniec o wzorowych obyczajach* (Young Man of Impeccable Manners, 1994), *Liber mortuorum* (1997), *Przewodnik dla bezdomnych niezależnie od miejsca zamieszkania* (Guide for the Homeless No Matter Where They Live, 2000). His selected poems entitled *Kamień pełen pokarmu* (Stone Full of Nourishment) was published in 1999. He has received the Kazimiera Iłłakowiczówna Prize and the Barbara Sadowska Prize.

trans. Ewa Elżbieta Nowakowska

Stancja na Bocznej Lubomelskiej

skoro od lat twoim domem jest zmarły
dlaczego przeto zmieniasz mieszkania
czyżby i on porzucał niedostępne dla ciebie
światy lub przeprowadzał się wraz z tobą

dlaczego zmieniasz mieszkania na większe
bądź mniejsze czyżby twój zmarły układał się
wciąż do nowego snu i zamiast archaizmów
znajdował ogołocone z zimna i ciepła ściany

dlaczego przeto twoim domem jest ów zmarły
bez imienia któremu imię nie przysporzy przestrzeni
ani nie skurczy się przestrzeń jaką zajmujesz
najchętniej zaś zmieniałbyś światy dla ciebie

niedostępne i nie płacił za elektryczność

Lodgings in Boczna Lubomelskiej Lane

when for years a dead man has been your home
why therefore do you keep changing flats
might not he, too, abandon the worlds inaccessible
to you or move together with you

why do you keep changing flats for bigger
or smaller ones might your dead man settle down
constantly to new sleep and instead of archaisms
does he find the walls stripped of cold and warmth

why therefore is that dead man your home
a man unnamed and for whom a name will not make room
nor will the room you occupy shrink
and you'd rather change the worlds to you

inaccessible and not pay for electricity

Piosenka dla p. Mościckiej

trwoga to jest mój najlepszy dom
w wielu mieszkałem domach ale dopiero ten
daje mi schronienie które nie jest
schronieniem nawet dla moich tłumoczków

już nigdy wiecej Mościa Dobrodziejko nie będę się
wykłócał o światło by nie skierować na siebie wraz
z żarówką jakiegoś nieszczęścia: trwoga to jest
mój najlepszy dom w którym upchnąłem również ciemność

otóż nie wolno w przyzwoitym domu Mościa Dobrodziejko
w którym upchnąłem przede wszystkim ciemność
pisać wiersze gdy żadnej poezji nie ma ale jest wariactwo
aby go nie skierować na siebie wraz z żarówką

A Song for Madam Mościcka

terror is my best home
in many homes have I dwelt but only this one
gives me shelter which is not
shelter even for my bags and bundles

never more Madam shall I have a row with you
over light so as not to bring a light bulb
along with disaster upon myself: terror is
my best home into which I crammed darkness too

and so Madam it is not seemly in a decent house
into which I crammed mostly darkness
to write poems when there is no poetry at all but lunacy
so as not to bring it upon myself along with a light bulb

Archaizmy i neologizmy oraz inne sposoby na śmierć

dziwię się iż moje ręce są moje
i czerpię nimi co jeszcze zostało
z życia ze snu tak mało tęsknoty
tylko brudne ręce tylko brudne ręce

czerpię nimi co jeszcze zostało z tęsknoty
ze snu o mojej pięknej tak mało miłości
tylko brudne ręce tylko brudne ręce
grzebię wszystko czego się dotknę

i o co zapominam się wykłócić tak mało słów
grzebię co powiedziałem i czego nie potrafiłem
powiedzieć o życiu o śnie w którym trzymam
/zobaczymy czy to wystarczy?/ archaizmy i neologizmy

by uczynić prawdopodobnym mój związek ze śmiercią

On Archaisms and Neologisms
and Other Remedies for Death

I'm amazed my hands are still mine
and scoop what remains
of life of dream so little longing
just dirty hands just dirty hands

I scoop what remains of longing
of the dream about my beauty so little love
just dirty hands just dirty hands
I bury everything I touch

everything I forget to squabble over so few words
I bury what I've said and what I couldn't
say about life about the dream in which I hold
(we shall see if it suffices?) archaisms and neologisms

to make probable my bond with death

Odpowiedzialność

mój przyjaciel jest martwy
i z martwych nie wstanie dzisiaj
mimo iż jest gotów
do dźwigania rzeczy utraconych

jutro znowu pójdę za nim
w głęboki oczodół tego samego
co ujrzałem wczoraj
i jezeli zaniewidzę to dla garstki

lachmanów w których już go nie zobaczę
jutro znowu będę źrenica
obrócona strasznie na siebie jak wtedy
kiedy się rodził i kiedy umierał

Responsibility

A friend of mine he is dead
and from the dead he'll not rise today
albeit his readiness
for the raising of things lost

tomorrow I will again follow after him
enter the deep eye socket of the very same
that yesterday I espied
and if I am blinded it's for a handful

of rags in which I'll not see him again
tomorrow I will again be a gaze
turned horribly inward as it was
as he was born and as he was dying

trans. Jamie Harmon Ferguson

Nagły deszcz

martwy jest mój przyjaciel
a mój oddech z niego
a moje kości i moje ciałło rozszczepione
nawet gdy nie wychodzę z domu

i nie przygwożdżone sa ręce moje
do rąk jego wysupłanych stamtąd
kiedy się chwytam braku powietrza
i nie przygwożdżone będą fruwać

jak zapomienie będą kaleczyć
moje ciało kiedy pójdę precz
i odczepiły się kości moje od kości
jego wpojonych w nagły deszcz

Sudden Rain

He is dead a friend of mine
as well the breath I have from him
as well these bones and this my splintered body
even when I don't leave the house

nor are they nailed down these hands
to his hands untangled thence
when I grasp onto the lack of air
nor are they nailed down they will flutter about

like forgetting they will maim
this body when I depart hence
and these bones unbuckled from those
his bones soaked into a sudden rain

trans. Jamie Harmon Ferguson

Pieszczoch

może teraz kiedy leżymy obok siebie
spodziewając się (oprócz zmęczenia naszą
obecnością) przyjścia kogoś kogo
nie znamy: jego usta rozstąpią się nagle

więc może teraz gdy dotykamy zachłannie granic
naszego ciała które są nieskończenie
bezpieczne tylko dzisiaj w łóżku w granicach
tych dźwigając także (oprócz zmęczenia naszą

obecnością) nieobecność kogoś kogo usiłujemy
pokochać: jego usta rozstąpią się nagle
i wzbudzą we mnie kamień głodny z którym się
zabieram do pieszczot ilekroć jestem z tobą

Fondling

maybe now as we lie side by side
expecting (besides weariness of our own
presence) someone to come someone
unknown: his lips will part suddenly

so maybe now as we greedily touch the boundaries
of our bodies which are infinitely safe
only today in bed within these boundaries
we also bear the burden (besides weariness of our own

presence) of someone to come someone
we try to love: his lips will part suddenly
and will arouse in me a hungry stone
I start caressing whenever I'm with you

photo by Wojciech Wilczyk

Grzegorz Wróblewski (b.1962, Gdańsk) lived in Warsaw from 1966 to 1985, and since 1986 in Copenhagen. He has worked on the editorial board of the quarterly *bruLion*. His poetry books are *Ciamkowatość życia* (The Munchiness of Life, 1992), *Planety* (Planets, 1994), *Dolina królów* (Valley of Kings, 1996), *Symbioza* (Symbiosis, 1997), and *Prawo serii* (Rule of the Series, 2000). He has received the poetry prize for the best foreign poet living in Denmark.

trans. Agnieszka Pokojska

Razem

gatunek
to ja i on

jeżeli my razem
to ja
nie

Together

species
that's me and him

if the two of us together
then count me
out

Ciamkowatość życia

Rozwinąłem papier.
Wyciągnąłem kanapkę i szybko przytknąłem do ust.
Chleb z masłem i żółtym serem.
Nieźle, całkiem nieźle — pomyślałem.
Ten obok też coś wcinał.
Nie potrafiłem dojrzeć co.
— Ty! co masz? — zapytałem.
– Z masłem i mielonką! — wrzasnął.
Oklapłem na wyrko.
Z masłem.
Z masłem i mielonką.
Mielonka i masło krążyły po mej głowie.
Ciamkałem powoli kanapkę, zastanawiając się
nad przedziwnym brzmieniem słowa — mielonka.
Masło odstawiłem na kiedy indziej.
Leżałem długo odurzony.
Nie potrafiłem się zmusić do logicznego myślenia.
Ten obok przeglądał w lusterku zęby.
Macał je paluchami i mruczał coś pod nosem.
— Ty! co tam? — zapytałem go.
— Chwytam zębem pokarm, a potem go rozdrabniam.
Więcej nie odezwał się do mnie.
Ustały mu czynności.
Nieźle, całkiem nieźle — pomyślałem.

The Munchiness of Life

I unwrapped the paper.
Took the sandwich out and quickly put it to my mouth.
Bread and butter and cheese.
Not bad, not bad at all, I thought.
This guy next to me munched on something too.
I couldn't see what it was.
       — Hey you! What's that you've got? I asked.
       — Butter and luncheon meat, he yelled back.
I sagged on the bed.
Butter.
Butter and luncheon meat.
Luncheon meat and butter revolved in my head.
I munched the sandwich slowly, wondering
at the curious sound of the words "luncheon meat."
Butter I left for some later date.
I lay down in a daze for a long time.
Couldn't bring myself to think logically.
This guy next to me inspected his teeth in a mirror.
He felt them with his fingers, muttering something.
       — Hey you! What's up? I asked
       — I snatch the food with my teeth, then chew it up.
He never spoke to me again.
His functions stopped.
Not bad, not bad at all, I thought.

Wiosna

wariant nr 1
— powiesić się
wariant nr 2
— powiesić się
wariant nr 3
— przezimować
     a na wiosnę
          się powiesić

Spring

plan A
    to hang myself
plan B
    to hang myself
plan C
    to weather the winter
        and in spring
            to hang myself

Mao

Mao Tse-tung rozkazał wytępić
wróble. Miał kilka zaborczych
kochanek i wielki brzuch,
dzięki któremu swobodnie
unosił się ponad zadziwionymi,
szczupłymi płetwonurkami!

Mao

Mao Tse-Tung ordered the extermination
of the sparrows. He had several covetous
mistresses and a huge belly
which enabled him to float
effortlessly above bewildered,
skinny divers!

Para

Dzisiaj widziałem chłopca,
który karmił gołębia
czerwoną parówką.
Jedli razem.
Cóż za wspaniały widok!
Mięsożerny chłopiec.
I mięsożerny ptak.

A Match

Today I saw a boy
feeding a pigeon
a red frankfurter.
They ate together.
What a splendid sight!
Carnivorous boy
Carnivorous bird.

photo by Wojciech Wilczyk

Marcin Baran (b.1963, Kraków) is a poet, critic, organizer of literary events and a graduate in Polish Literature at the Jagiellonian University in Kraków. He earns his living by working for various periodicals as well as radio and TV programs. In 1987 he co-founded the quarterly *bruLion*, co-editing it until 1990; currently he is Cultural Editor of the weekly journal *Przekrój*. He has published seven collections: *Pomieszanie* (Confusion, 1990), *Sosnowiec jest jak kobieta* (Sosnowiec Is Like a Woman, 1992), *Zabiegi miłosne* (Love Labours, 1996), *Sprzeczne fragmenty* (Conflicting Fragments, 1996), *Tanero* (1998), *Prozak liryczny* (Lyrical Prosac, 1999), *Bóg raczy wiedzieć* (God Only Knows, 2000), and the selected poems *Destylat* (Distillate, 2000). He also initiated and co-edited (with Marcin Sendecki and Marcin Świetlicki) the anthology *Długie pożegnanie. Tribute to Raymond Chandler / The Long Good-bye. Tribute to Raymond Chandler*, containing 21 poems, each by a different author, inspired by the title of a story, novel, essay or script by Raymond Chandler. He has been nominated for the NIKE Prize.

trans. Dariusz Trześniowski

Odmiany

Wracasz do dziewczęcego ciała. Chociaż nikt
nie powiedział, że kochankowie mają być
piękni, to urok smukłości nie jest wymysłem
ilustrowanych żurnali. Czułość budzące zmarszczki
nie wymogły jeszcze na tobie sympatii. Tylko
kurze łapki uśmiechu kolonizują państwo
skóry. Pożądamy się. Ale radują nas już
rozbrykane zegarki.

Transformations

You return to the girl's body. Although no one
said that lovers need to be
beautiful, the charm of slenderness is not an invention
of glossy magazines. Wrinkles inspiring tenderness
haven't won you over yet. Only
the crow's-feet of smile colonize the land
of the skin. We desire each other. But we already delight in
frolicking clocks.

Sny słodkie jak chuj*

Jakieś nieznane mieszkanie, skrzypiąca
podłoga z desek, oszklona weranda,
zaraz potem podwórka wymoszczone skwarem.
Który to brzeg Wisły? Za chwilę
wybuchnie powstanie, a ja czuję, że jeśli
jestem na lewym brzegu, to niedługo
zginę. Więc Praga, czy, dajmy na to,
Śródmieście? Za oknem stoi dziewczyna
z ustami pełnymi spermy.
Sprężyste nici krochmalu ciekną jej
po brodzie. Uśmiecha się idiotycznie,
z czego zadowolona? Siedzę naprzeciw siebie
i jestem łysy jak pewien młody polityk,
który zaszedł daleko — nad czołem nic,
na czubku nic i nic na potylicy.
Tylko po bokach bokowłosy. Jestem
niezadowolony. I jeszcze gdzieś zniknęła
lewa połowa mojej dolnej szczęki.
No ładnie, do czego to wszystko zmierza?
Pewnie mogłoby to trwać dłużej, ale
eksploduję, cokolwiek to znaczy i
budzę się. Przede wszystkim po to, żeby nie
chrapać. To powód zasadniczy. Natury
estetycznej. Ale nie jedyny. Mogłoby się
wydawać, że nie lubię jawy. Nieprawda,
kocham ją i szanuję. Tyle, że ostatnio,
a właściwie zawsze, niezbyt mi z nią idzie.

---

*Bardzo słodkie sny (przyp. aut.)

Dreams Sweet as a Fuck*

Some unknown flat, a hardwood
floor, a glassed-in veranda,
next, courtyards strewn with heat.
Which bank of the Vistula is this? The
Rising is about to break out and I feel that
if it's the left bank, in a moment
I will die. So Praga, or, let's say,
Śródmieście? Behind a window stands a girl
with her mouth full of sperm.
Stretching threads of starch stream down
her chin. She smiles idiotically,
contented with what? I sit across from myself
and I'm as bald as a certain young politician,
who made it big — nothing over the forehead,
on the top nothing and nothing on the back of the head.
Only sidehair on the sides. I am
discontent. And furthermore the left half
of my lower jaw has vanished somewhere.
Well now, what is this all getting at?
This could have gone on longer but then I
explode, whatever that means, and
wake up. First, in order not to
snore. This is the fundamental reason. Of an
aesthetic nature. But not the only one. You'd think
I don't like the reality. Wrong,
I love and respect it. Though recently,
in fact eternally, we can't see eye to eye.

———————————

*Very sweet dreams (author's note)

Mantry, godzinki

Kiedy nie chcesz, by w nocy tytoniowy
dym łączył się z powietrzem twojego
domu — wyjdź zapalić na klatce schodowej
starej kamienicy. Zapal światło. Bezdomny
nie uciekł tu przed uściskiem zimna.
Zaciągnij się, żarówka regulowana
automatem zgaśnie po minucie. Zostań
w ciemnościach, niech jasność nie ma
swoich pięciu minut. Siny blask nocy
wchodzi przez wysokie okno. Cień
zakratowanego szybu windy zamyka cię
jak w celi. Żadne głosy nie grzebią
ciszy. Nim żar dotrze do filtra —
jesteś sam. Doskonal się.

Mantras, Hours

When you don't want cigarette
smoke to mix with the air of your flat
at night — go out for a cigarette in the staircase
of an old tenement. Turn on the light. The homeless
haven't sought shelter from cold here.
Inhale, the automatic light
will go off in a minute. Stay
in darkness, deny brightness
its five minutes. The livid shine of night
enters through the high window. The shadow
of the barred elevator shaft encloses you
as if in a cell. No voices bury
the silence. Before the glow reaches the filter —
you are alone. Strive for perfection.

Okruchy miłości, pęczniejące kłamstwa

Zasypiam na białym udzie.
Niedaleko jest cmentarz,
którego nie widzę. Wieczór
nie pochłonął dnia. Drapieżny
poranek zjawia się bezszelestnie,
wypatrując ofiary. Szwadrony
słońca, lotne armie wiatru,
policzkują dzieci, kobiety
i resztę. Słodkie i zapomniane
prezerwatywy kruszeją na półkach
spożywczego sklepu. Z wystawy
zeskakuje dwupłciowy manekin
o kolorze wrzosu, osłonięty skromnie
kawową bielizną. Uciekając — dotyka
lekko zmarzłej ziemi, miejscami
wilgotnej, a miejscami twardej.
Deszcz pada salwami. Kropla
przeznaczona dla mnie trafia
prosto w czoło. Drobinki szaleństwa,
kurzu i benzyny przechodzą z ust
do ust. Kobieta w kapeluszu wielkim
jak pożądanie nie daje odpocząć
oczom. Kupować chleb i przewijać
dzieci, chodzić do dentysty
albo do spowiedzi — jest w tym
godzien podziwu rytm i przeznaczenie.
Ale ona ma tak dokładne ciało,
spazmatyczne pośladki
i szczupłe nawet uszy.

Crumbs of Love, Swelling Lies

I fall asleep on a white thigh.
There's a graveyard close by,
which I cannot see. The evening
has not absorbed the day. Predatory
morning appears soundlessly,
searching for a victim. Squadrons
of the sun, mobile armies of wind
slap children, women
and everything. Sweet and forgotten
condoms become tender on the shelves
of a grocery shop. A bisexual dummy
jumps down from a display,
heather-colored, scantily clothed
in café au lait underwear. Running away — it touches
the slightly frozen ground, in places
damp and in places solid.
It's raining in salvos. The drop reserved for me hits
squarely on the forehead. Particles of madness,
dust and petrol pass from mouth
to mouth. A woman in a hat as huge
as lust permits no rest for
the eyes. Buying bread and changing
babies, going to the dentist
or to confession — it has
an admirable rhythm and predestination.
But she has such a precise body,
spasmodic buttocks
and even slim ears.

Miłość. Wariant nie do podrobienia

Kobieta właśnie przyszła na świat. Mężczyzna się zjawi 7 miesięcy później (pierwsze z wielu spóźnień?). Ziemia kręci świadomie 146 tysięcy 102. piruet.

Kobieta (10 lat) i mężczyzna (7 miesięcy młodszy) spotykają się po raz pierwszy, gdy on zwiedza miasto, w którym ona mieszka. Nic o tym nie wiedzą i chyba tak już zostanie. Ostatni przedstawiciel nigdy nie odkrytego gatunku pająków jaskiniowych ginie bezpotomnie.

Kobieta (20) porzucona, mężczyzna (7 miesięcy różnicy) odtrącony — przychodzą osobno na jakieś przyjęcie. Wychodzą razem. Stężenie ołowiu krążącego w powietrzu sprawia, że skóra ludzka ciemnieje ociupinkę.

Na rok przed trzydziestką kobieta jest nieco zmartwiona, ale i rada, bo trochę przytyła po tej drugiej ciąży, natomiast mężczyzna (wciąż 7 miesięcy różnicy), gdy ma wszystkiego dosyć, myśli jakie to szczęście, że ona jest z nim. Mokry wiatr porywa genueńską gazetę i wlokąc po bruku wystukuje nią rytm tajemnej pieśni plemienia Jakutów.

Kobieta i mężczyzna kończą 45 lat (w siedmiomiesięcznych odstępach) i ona z przygnębieniem stwierdza, że nie było warto tak się zabijać dla niego, skoro on woli być wszędzie, byle dalej od niej. Zarejestrowano 564. fanklub czcicieli ziarnka soi.

Trzy lata po jej przejściu na emeryturę i rok po jego wylewie, na szczęście niegroźnym, w przeddzień jego 63 urodzin (jej przed 7 miesiącami) kobieta i mężczyzna idą powoli przez miasto, trzymają się pod ręce, chyba jest im dobrze. Produktem ubocznym genetycznej sztuczki jest antidotum na chorobę, której nigdy nie będzie.

Love. The Inimitable Variant

The woman has just been born. The man will appear 7 months later (the first of many late-comings?). The earth deliberately executes its 146 thousand and 102nd pirouette.

The woman (10 years old) and the man (7 months younger) meet for the first time when he visits the town she lives in. They know nothing about it and so it will probably remain. The last specimen of a never discovered species of cave spider goes extinct.

The woman (20) jilted, the man (7 months difference) rejected — come separately to a party. They leave together. The concentration of lead circulating in the air darkens skin a teeny bit.

A year before she is thirty, the woman is somewhat concerned, though also glad, that she has put on a little weight after her second child, and the man (still 7 months difference), when he's fed up with everything, thinks how lucky he is to be with her. Wet wind blows away a Genoese newspaper and, dragging it along the pavement, beats the rhythm of a secret song of the Yakut tribe.

The woman and the man turn 45 (a seven-month interval) and she depressingly concludes she should have known better than to bend over backwards for him because he'd rather be anywhere else than with her. The 564th fan club of the worshippers of the soya bean is registered.

Three years after her retirement, and one after his stroke, fortunately mild, one day before his 63rd birthday (hers 7 months earlier) the woman and the man walk slowly through the town, arm in arm, probably they feel good. A by-product of a genetic trick is an antidote to a disease that will never appear.

Kobieta w tym roku skończyłaby 76 lat, ale nie żyje już od lat pięciu, mężczyzna (wciąż 7 miesięcy młodszy czy jednak 5 lat starszy?) modli się do niej, siedzi przy jej grobie, lecz coraz bardziej nie pamięta ich pierwszego spotkania, jej śmiechu, jej dłoni. Ziemia zbiera się do 173 tysiące 862. świadomego obrotu.

The woman could have been 76 this year, but she has been dead for five years, the man (still 7 months younger, or, perhaps, 5 years older?) prays to her, sits by her grave, but more and more he doesn't remember their first meeting, her laughter, her hands. The earth braces itself for its 173 thousand and 862nd deliberate revolution.

photo by Elżbieta Lempp

Marzanna Bogumiła Kielar (b.1963, Gołdap), a graduate in Philosophy from Warsaw University, works at the College of Special Needs Education in Warsaw and co-operates with the literary magazine *Krasnogruda*, published by the "Pogranicze" (Borderland) Foundation. She has published two collections of poetry: *Sacra conversazione* (1992) and *Materia prima* (1999). She has received the Kazimiera Iłłakowiczówna Prize for the best debut of the year, and the Kościelski Foundation Prize; she has been nominated for the NIKE Prize.

trans. Elżbieta Wójcik-Leese

***

jeszcze godzinę temu poranna mgła
nie zapowiadała takiej jasności, tak ogromnego nieba
i przelewania się ryb w rozgrzanych wodach stawu;
radości, gdy zrywające się do lotu dzikie kaczki
zostawiają wyraźny ślad na pomarszczonej tafli
sierpniowego dnia
długo ciągnąc za sobą wzrok, coraz spokojniejszy.
Napełniają się misy rdzawych ogrodów,
wysypują kłosy.
I cichniesz, dziwnie niewinny. Czysty:

łagodne wzgórza stoją w pysznym świetle,
w trawach, nisko, ściele się śmierć

***

just an hour ago the morning mist
did not announce such radiance, the sky so vast,
the overflowing of fish in warm pond waters:
the joy when, leaping to flight, wild ducks
leave a clear wake on the rippled surface
of a day in August,
long drawing the gaze after them, calmer and calmer.
The bowls of rust red gardens are filling up,
corn heads are spilling over.
And you grow quiet, oddly innocent. Pure:

soft hills stand in the luscious light,
onto the grasses, low, death comes down

Sacra conversazione

w wieczornej ciszy,
skąd twoja nagle przy mnie obecność, drżąca i ufna?
Miękki powój dotyku, jak przed podróżą
i jej nieuchronność, skąd?
Jak zapach blisko
kuszące wgłębienie dłoni, kiedy spośród wszystkich
rzeczy, dobrych i złych,
z ich wyszukanej, nietrwałej obfitości
wybierasz niespiesznie jedną: garść czarnych jagód
i zamykają mi usta
jagody

Sacra Conversazione

in the evening silence —
why at my side your sudden presence, trembling and trusting?
The soft hollyhock of touch, as before a journey
with its inevitability, why?
Like a scent close by
the tempting concave of the palm, when out of all
things, good and bad,
from their refined, impermanent profusion
you deliberately choose one: a handful of blackberries
and my lips are shut
by berries

Nagość

gałęzie oblepione bielą i ciemnym różem,
brzęczeniem pszczół;
skrzydło dnia szeroko rozpościera się w słońcu,
w leciutkim wietrze, w zapachach świeżo skoszonej
łąki i długich rumianków na południowym jej brzegu.
Osłonięty, ciemniejący brzeg stawu.
Twoja ręka w moich włosach i na szyi, łagodnie,
miękko. Cała jej kruchość /i drżenie?/.
Nagość rozchylających się liści, gęstniejących
zieleni, palce zsuwające ramiączko sukienki.

Nakedness

boughs thickset with white and dark pink,
with the hum of bees;
the wing of day spreads open in the sun,
in gentle breeze, in a scent of fresh-mown
meadow, tall camomiles on its southern edge.
Sheltered, the darkening bank of the pond.
Your hand in my hair, on my neck, gently,
softly. All its fragility (its quiver?).
The nakedness of opening leaves, thickening
green, fingers slipping off the dress-strap.

Jabłko

podnoszę owoc i jest w pleśni; czystą strunę
milczenia, śmierci niechcący trącam.
Zmięte wokół stóp prześcieradło trawy, ciężkie od rosy
bo otwiera się noc i w małym pokoju na piętrze,
po powrocie
samotność: kołujące, wrzaskliwe ptaki wypłoszone
ze swojego codziennego miejsca;
rozpadasz się, mijasz (miłości) i z tobą to
co bez znaczenia, co czułość wciąż budzi,
(mała blizna na kciuku, okulary w rogowej oprawce),
bez śladu, doskonale.

Apple

I pick up the fruit, it is all mold; pure string
of silence, of death plucked by chance.
Creased round my feet, the sheet of grass heavy with dew
as the night opens up and in a small room upstairs,
on return,
solitude: wheeling screechy birds, startled
out of their everyday place;
you fall to dust, go by (love), and with you that
which does not matter, which wakes the tenderness anew,
(the small scar on your thumb, the horn-rimmed glasses),
without a trace, skillfully.

Zmierzch

ciemny plusk wrony w rozlewisku ciszy

i zapach, jakby się go mełło w ustach: od nasiąkających
zbrązowiałym sokiem łętów października, musujący
jesienny moszcz przepojony dymem;
butwieje opadzina liści nie wygrabionych spod brzóz.
Z dnia zostało niewiele, zabliźnione pęknięcie,

ogień w polu,
jego szkielet z wiatru

Dusk

the dark splash of a crow in the flood plain of silence

and this smell, as if ground up in the mouth: soaked through
with the browny sap of October stalks, sparkling
autumnal young wine permeated with smoke;
under the birches, unraked, leaf-litter molders away.
Not much left of the daylight, a healed fracture,

fire in the field,
its skeleton of wind

***

1.

Nadmorskie pustkowie.
Ości portu zsypane na widnokrąg.

Światło między chmurami a śniegiem — wąski strumień wędrujący w górę
i w dół, jak pusta winda. Dryfująca biel dni, szpitalnych nocy
i czarne pęknięcie w śnieżnej pokrywie, którego
nie można obejść.

Zsuwamy się z przysypanej krawędzi,
z oblodzonych stopni, przy próbie wejścia na molo, zawalone
w połowie długości, próchniejące.
Wracając, oglądamy na skarpie zdziczałe, zamarznięte ogrody —
na szybach letniskowego domku —
mapę, którą się śmierć posługuje, dokładną
i piękną

2.

Czasami, późną wiosną,
śnieg pada na odtajałą ziemię
i topnieje, ogrzany jej ciepłem; topnieje lodowe jądro
w otwartej skorupie zatoki

***

1.
Seashore wilderness.
Fishbones of the port heaped at the horizon.

The light between clouds and snow — a narrow stream wandering up
and down, like a vacant lift. The drifting white of days, of hospital nights
and a black cracking in the snowy cover
impossible to go round.

We slide off the snow-dusted edge,
off the ice-covered steps, attempting to enter the pier, collapsed
half-way down, decaying.
Returning, on the slope, we watch wild hoarfrosted gardens
on the panes of a summer house —
a map used by death, precise
and gorgeous

2.
Sometimes, in late spring,
snow falls onto the thawed-out ground
and melts, warmed by its warmth; the ice core melts
in the open crust of the bight

photo by Elżbieta Lempp

Krzysztof Koehler (b.1963, Częstochowa) is a poet, literary critic, and essayist. He read Polish Literature at the Jagiellonian University in Kraków, where he also obtained his doctoral degree, and now lectures on the history of Polish literature. He works on the editorial board of the quarterly *bruLion*. His volumes include *Wiersze* (Poems, 1990), *Nieudana pielgrzymka* (Unsuccessful Pilgrimage, 1993) and *Partyzant prawdy* (Guerilla of Truth, 1996); he has also published the collected *Na krańcu długiego pola i inne wiersze z lat 1988-1998* (At the End of a Long Field and Other Poems 1988-1998, 1998).

trans. Bill Johnston

Klasztor Cystersów. Mogiła

Ciche modlitwy
Słone kwiaty ust.
W stuletnich dębach
Pochylony Bóg

Nad ziemią lichą
Siwy nieba strzęp
Chłodnych posadzek
Obudzony dźwięk

Nad rzeki brzegiem
Pośród wrzasku miast
Requiem pogodne
Nieustannie trwa

The Cistercian Monastery at Mogila

Whispered prayers
Salt flowers of lips.
In age-old oaks
The Lord God stoops

Over wretched earth
Gray shreds of skies
Cold marble floors'
Awakened noise

Over the riverbank
In the cities' roar
A serene requiem
Plays unbroken there

Niemcy. Bawaria

Jeszcze raz to samo. Czas siania, czas zbioru.
Z siewcy kosiarz przeistoczony przez letnie upały.
Dobry ogrodnik. Pasterz. Strzegący czystej wody.
Studnia i rozpalona przez słońce równina.

Kiść jarzębiny czerniejącej od pierwszego mrozu.
Przez słupy drzew prześwieca tafla stawu
Okolonego świerkami; rzadki ptasi śpiew,
Kraina krzyczącej, obco brzmiącej mowy.

Tak nam kościoły przypadły do gustu,
Prawie jak w domu świeciło słońce,
Kończyło się lato, wrzesień, zimne ranki
Ciepłem ogrzane uprzejmego „Morgen".

Wszędzie gdzie gotyk, zimne twarze świętych,
Nawy chłód mroczny, igranie symetrii,
Tam się spotkamy i w rozmowy nasze
Cicho się wsącza tysiącletni chór.

Germany, Bavaria

The same thing again. A time to sow, a time to gather.
The sower turned to reaper by the summer heat.
A good gardener. A shepherd. Guarding fresh water.
A well and a plain scorched by the sun.

A spray of rowan blackening from the first frost.
Through columns of trees appears the surface of a pond
Set about with spruce; occasional birdsong,
A land of clamorous, foreign-sounding speech.

The churches were so much to our liking;
The sun shone almost like at home.
The summer was ending; September, cold daybreaks
Warmed by the sound of a polite "Morgen."

Wherever there is Gothic, the cold faces of saints,
The murky chill of the nave, the play of symmetry,
There we will meet and our conversations
Are softly infused by a thousand-year-old choir.

Ukrzyżowanie

Halabardnik jakby od niechcenia
podpierał raczej niż przebijał bok.
„Scena statyczna. Chociaż serca matek
w lot pojmą głowy Marii skłon."

Mówił. A ja patrzyłem na Jana:
nieco z boku, przewyższał jeszcze
halabardnika tonem oczu, ręki gestem:
„Niech będzie spokój. On duszę dał

już Bogu." Stąd może brali się
gnostycy, jeśli któryś dłużej w Bieczu
trawił czas. Nie cierpi ciało. Duch to inny stan.

Była tam jeszcze Magdalena Maria.
O niej nie mówił nic. Była jak ziemia.
Chrystus był jak czas.

Crucifixion

The halberdier was more propping up
his side than piercing it, casually it seemed.
"A static scene. Though the hearts of mothers
will immediately comprehend the droop of Mary's head."

He spoke. Yet I was looking at John:
a little to the side, he was taller than the halberdier
by the tone of his eyes, the gesture of his hand.
"Let there be peace. He has already given

his soul to God." This may be where
gnostics came from, if one of them dallied somewhat longer
in Biecz. The body does not suffer. The spirit is a different state.

Mary Magdalene was there too.
About her he said nothing. She was like earth.
Christ was like time.

Pani Stefanii P.

... Denn das Schöne ist nichts
als des Schrecklichen Anfang ...
R. M. Rilke, Die Erste Elegie

Radość się kwietnia zachodem rozlała,
Ciszę przed nocą drążył kosów śpiew.
Z zatłoczonego wyszedłem kościoła,
Modlitwa niemo zsuwała się z drzew.

Delikatne, w zmęczonej pościeli, jak z marmuru ręce.
Sen; jak w chwili przed burzą, gdy w zgięte gałęzie
Wbija się krzyk błyskawic, tak bólu smak mdły
Leniwo się sączył przez słoneczne drzwi.

Potężniało zwycięstwo nocy. Jakaś sylwetka
Wolno żłobiła siwiejącą przestrzeń.
Wiał wiatr. Pęczniało powietrze.

Obrazy jakie jeszcze będą mi ofiarowane
Bym szybciej pojął własną nieudolność?
Jaką jeszcze pięknością doświadczysz mnie, Panie?

To Stefania P.

. . . Denn das Schöne ist nichts
als des Schrecklichen Anfang . . .
R. M. Rilke, Die Erste Elegie

Delight spilled out into an April sunset;
Birdsong fretted at the silence before night.
I came out of the crowded church,
As prayer slipped mutely from the trees.

Delicate hands, as if of marble, on tired bedsheets.
Sleep; like the moment before a storm, when bowed branches
Are stabbed by the cry of lightning, so the sickly taste of pain
Seeps lazily through a sunlit door.

The victory of the night grew in power. A silhouette
Slowly hollowed out the graying space.
The wind blew. The air swelled.

What other images will be offered me
So I'll more quickly grasp my own ineptitude?
With what other beauty will you try me, Lord?

Pamięć

Tamto wyzywające uczucie nazajutrz:
że nie przespał się ze mną los i że
do czegoś jeszcze przydam mu się w
planach;
Tamto gorące popołudnie, gdy pocące
się dłonie wpychałem między twoje kolana,
wierząc święcie, że wytrwam w tym związku
długie lata;
Tamte chwile, kiedy wydawało się, że o krok
od tajemnicy, że wreszcie wypłyniemy na
duże wody i dalej potoczy się, i będzie
nas niosło;
Tamten moment, kiedy przysięgałem sobie
zawsze doń powracać, bo będę
w nim widział obraz tej siły, która mnie
wypędziła;
I ta chwila, kiedy — czytając Mickiewicza —
zrozumiałem, że zawsze będę zdradzał, kogo
tylko się da zdradzić, bo nie ma takiego
punktu, od którego mógłbym zacząć
odliczać.

Memory

The provocative feeling the day after:
that fate had not slept with me and that
it would find a use for me yet
in its plans;
The hot afternoon when I pushed my sweating
palms between your knees, believing firmly
that in this relationship I'd last
many years;
The moments when the mystery seemed
a short step away, that at last we'd emerge onto
open waters and that things would go on, and that we could
be borne along;
The second which I swore I'd keep
returning to, because I'd see
in it an image of the force that
drove me out;
And the moment when, reading Mickiewicz,
I understood I'd always betray whoever
there was to betray, since there was no
point from which I might begin
to count.

***

Na samym krańcu
pola ogień
blask i wiatr
Przechodzień
wstąpił w las,
zaszedł mu
drogę

na krańcu pola
stopy

odciśniętej
ślad

***

At the very edge
of a field glare
fire and wind
A passer-by
has entered the wood;
its way
is barred

at the edge of the field
by a footfall's

imprinted
trace

photo by Wojciech Wilczyk

Jacek Podsiadło (b.1964, Ostrowiec Świętokrzyski) is, first of all, a poet, occasionally a literary critic, translator, and radio presenter. He completed two years at high school, and then travelled widely in Poland trying various jobs. He participated in the anti-military and pro-ecological movement "Wolność i Pokój" (Freedom and Peace), and worked on the editorial board of the quarterly *bruLion*. His works include *W lunaparkach smutny, w lunaparach wesoły* (In Funfairs Sad, in Brothels Merry, 1990), *Wiersze wybrane* (Selected Poems, 1992), *Arytmia* (Arhythmia, 1993), *Dobra ziemia dla murarzy* (Good Soil for Bricklayers, 1994), *Języki ognia* (Tongues of Fire, 1994), *To All the Whales I'd Love Before* (1996), *Niczyje, boskie* (Nobody's, God's, 1998), and *Wychwyt Grahama* (Graham Escapement, 1999). He has translated (in co-operation with Paweł Marcinkiewicz) *Trout Fishing in America* (Łowienie pstrągów w Ameryce) by Richard Brautigan. He has been awarded poetry prizes by *bruLion*, the Trakl Foundation and the Kościelski Foundation; he has twice been nominated for the NIKE Prize.

trans. Agnieszka Ginko-Humphries

Noc nr 40

Chciałbym, żeby ona wróciła. Chciałbym powiedzieć jej:
„Nie skrzywdziłem żadnego z narodów. Nie nawoływałem do wojny.
Nie budowałem więziennych gmachów, nie ciemiężyłem słabych.
Do zwierząt ni ludzi nie strzelałem, nie gardziłem Miłością.
Jeśli widziałem światło, podążałem za nim.
Przed ciemnością nie uciekałem.
Nie rzucałem bomb i nie wypuszczałem paraliżujących gazów.
Co zrobiłem, że odeszłaś? Moje małe zbrodnie nie są warte aż tyle".
Chciałbym zniewolić narody, aby wydobywały dla niej rudę, węgiel
i diamenty, aby budowały dla niej świątynie i przerzucały mosty
przez przepaście. Ona wróci. Moje wiersze to sprawią,
sprawią to moje zaklęcia, moja tęsknota; wessie ją ta próżnia.

90.08.21

Night no. 40

I want her to come back. I want to tell her:
"I did not harm a single nation. I did not exhort people to war.
I did not erect prison buildings, nor did I oppress the weak.
I did not shoot at animals or people, nor did I look down on Love.
If I saw the light, I followed it.
I did not flee from the darkness.
I did not drop bombs, nor did I release nerve gas.
What made you leave me? My little crimes don't amount to that much."
I want to enslave nations, make them mine ore, coal
and diamonds for her, make them build temples for her and put up bridges
over precipices. She will come back. My poems will procure it,
my entreaties, my longings — this void will suck her in.

90.08.21

Sprawiają, że płonie

Żyją na piasku, gdzie ślad nie trwa długo.
Przenoszą namioty z miejsca na miejsce, imion swych umarłych
nie żłobią w kamieniu, raczej związują je, aby powracały, z rzeczą,
                                        czynnością, cechą:
„Herbata, jaką lubił Fahdi", „ Gra na czangu podobnie jak Ali Khan",
                                        „Jest nierozważny
jak Mohammad, który wpadł do studni tego lata, kiedy wyschły rzeki";
w ten sposób noszą w ustach swoje cmentarze.
Choroby leczą śpiewem. Wieczorami lubią
wprawiać się w trans, tańczą, zanurzają dłonie
w oliwie i przesuwając nimi wzdłuż rozgrzanego do czerwoności
łańcucha sprawiają, że przez chwilę płonie.
Żyją na piasku, gdzie korzenie nie trzymają się mocno podłoża,
gdzie króluje oszczędność. Mają rozeznanie
w delikatności materii, z jakiej utkana jest każda obecność,
wielbłądy zmuszają do większego wysiłku co najwyżej wrzaskiem.

91.03.02

They Make It Burn

They live on sand, where traces don't last long.
They move their tents from place to place, the names of their dead
are not engraved in stone, instead they bind them to return, with things,
                                        actions, features:
"The tea which Fahdi liked," "He plays the chang like Ali Khan," "He is
                                        reckless like
Mohammad, who fell down a well this summer, when the rivers dried up";
in this way they carry their cemeteries on their lips.
Cure illness with laughter. In the evening they like
to put themselves into a trance, they dance, immerse their hands
in olive oil and move them along a red-hot chain
to make it burn for a moment.
They live on sand, where roots don't cling to the ground tightly,
where thrift reigns. Well do they understand
the fragility of the fabric from which each existence is woven,
force the camels forward with yells.

91.03.02

Ósmy wiersz ekozoficzny

Nim wszedłem do strumienia zdjąłem buty, by ich nie zamoczyć.

Chciałbym pojąć siebie. Wspominam więc czasy,
gdy byłem kaczką, małpą, obywatelem pierwotnym:
nieelegancko jadłem i sam musiałem stawiać
prognozy meteo. Czas niósł mnie swobodnie.
Waśnie z sąsiednią wioską, walka na dziryty,
to było wojną światową. Świat nie wykraczał
poza półkole rzeki i góry z drugiej strony.
Z mojego ciała znikało owłosienie i coraz bardziej
odsłaniało wrażliwą skórę.

Nim wszedłem do strumienia zdjąłem buty, by go nie zabrudzić.

Nauczyłem się krzesać ogień i opanowałem sztukę stenotypii.
Odkryłem trzy źródła świętej mocy: wodę, słońce i wiatr.
Zmieniam energię kinetyczną w mechaniczną i dalej, w elektryczną.
Podglądam okiem mikrokamery frykcyjne ruchy tłoka w głębinowej pompie.
Sam jestem maszyną sterowaną z dali i napędzaną mieszaniną uczuć.
Oglądam się, bo stamtąd przychodzi nauka: oto wychodzę z rzeki,
błony cofają się spomiędzy moich palców, mozolnie zmierzam ku małpie.

Potem w mojej głowie pojawia się pierwsza myśl.
I nie jest nią pełne lęku: kim jestem.

Nim wszedłem do strumienia zdjąłem buty, by woda, piasek i moje ciało
stanowiły jedno.

91.01.12

The Eighth Ecosophical Poem

Before going into the stream, I took my shoes off to keep them dry.

I'd like to understand myself. So I recollect the times
when I was a duck, an ape, a primitive citizen:
I would eat crudely and forecast
The weather myself. Time bore me along freely.
Discord with the neighboring village, a javelin fight,
this was a world war. The world did not go beyond
the river's half-circle and the mountains on the other side.
The hair began to vanish from my body, uncovering
more and more of my sensitive skin.

Before going into the stream, I took my shoes off to keep it clean.

I learned to strike fire and mastered the art of stenography.
I discovered three sources of sacred power: water, sun and wind.
I change kinetic into mechanical and then into electrical energy.
With the eye of a miniature camera I spy on the frictional movements of
                                                  a piston in a borehole pump.
Myself I am a machine controlled from afar and driven by mixed feelings.
I look back because this is where knowledge comes from: here I am
                                                  coming out of the river,
the webbing recedes between my fingers, and I toil towards apehood.
Then the first thought appears in my head.
And it's not that fearsome: who am I.

Before going into the stream, I took my shoes off to make the water, the sand
                                                  and my body into one.

91.01.12

„100 pomysłów na Boga w domu"

Jeśli krwawy zabójca myśli że zabija,
Lub jeśli zabity za zabitego się uważa,
Nie wiedzą obaj...
Ralph Waldo Emerson, *Brahma.*

W domu jest pusto. Żałosny nawyk pisania.
W twarożku za dużo cebuli. Smutek nie jest mi miły tym razem.
Sprawy do załatwienia wloką się za mną po podłodze
jak oswojone warany. Zaglądam do zimnego pokoju Lidki.
Materac, na którym spała. Okno, w które patrzyła.
Kąt, w którym bywała smutna przy muzyce i świecy.
Fotel. Stąd spoglądała na nią dziewczęco zakochana
lesbijska szesnastolatka, zapewne dość zrozpaczona.

Na ogromnym portrecie wiszącym w przedpokoju
umarły Marcin kiwa się w rytm podsłuchiwanego reggae,
do rąk włożono mu Biblię, wygląda jak pomocnik murarza,
nie wie, co zrobić z niebieską cegłą zgniatającą mu podołek.
Był kominiarz, nie przyniósł mi szczęścia, wziął osiemnaście tysięcy
i przeczyścił komin. Węgiel na zimę zrzucony,
naprawiłem też elektryczne gniazdko, co dalej?
Łodzie nocy są już blisko i oblizują się brzydcy harpunnicy.

Bóg jest uwięziony we wnętrzu baterii do przenośnego radia.
Bóg jest suszony między kartkami książek. Przypalony na patelni.
Jest też trochę Boga w kieszeniach portfela.
Nowe wkłady do długopisu są Go jeszcze pełne.
Bóg wpadł do wanny w łazience i daremnie przebiera ośmioma nogami.
Wałki magnetofonu przesuwają Boga z prędkością 19m/min.
Lecz dom jest pusty. Harpunnicy, warany,
ubrania do uprania, sprawy nie do załatwienia.

91.10.05

"100 Ideas for God at Home"

If the red slayer think he slays,
Or if the slain think he is slain,
They know not ...

Ralph Waldo Emerson, *Brahma.*

It's empty at home. A pitiful habit of writing.
Too much onion in the cottage cheese. Sadness is not precious to me this time.
Unsettled matters drag themselves across the floor after me
like tamed nile monitors. I look into Lidka's cold room.
The mattress she slept on. The window she looked through.
The corner where she was sometimes sad with her music and a candle.
The armchair. From here she was watched by the lesbian teenager,
girlishly in love, no doubt in despair.

In the huge portrait hanging in the corridor
the dead Marcin rocks to the rhythm of overheard reggae;
a Bible placed in his hands, he looks like a bricklayer's assistant,
doesn't know what to do with the blue brick pressing on his lap.
A chimney sweep came, brought me no luck, took eighteen thousand
and cleared out the chimney. Coal brought in for the winter,
I also repaired a socket, what now?
The boats of the night are already close and the ugly harpooners lick their lips.

God is imprisoned inside the battery of a portable radio.
God is dried between pages in books. Burnt on the frying pan.
There is also some God in the pockets of a wallet.
New refills are still full of Him.
God has fallen into the tub in the bathroom and scuttles vainly on eight legs.
The rollers of the tape recorder move God along at a speed of 19 m/min.
Yet, it's empty at home. Harpooners, nile monitors,
clothes to be cleaned, matters that won't be settled.

91.10.05

Umysł

Jesień, chłód, wiatr gwałtownie
wyrywa z komina dym,
szybko rozgrzewają się kaloryfery.
Topnieje zapasik węgla w piwnicy.
Pralka automatycznie przeżuwa pieluchy Dawida.
Zatrzymuje się, znowu rusza, przebiera w swoich programach
bez najmniejszego wahania, jak ktoś, kto ma czysty umysł.

95.11.09

Intellect

Autumn, chill, the wind violently
tears smoke out of the chimney,
the radiators heat up quickly.
The store of coal in the cellar dwindles.
The washer automatically chews David's diapers.
It stops, starts again, selects from among its programs
without the slightest hesitation, like someone of pure intellect.

95.11.09

trans. W. Martin & Elżbieta Wójcik-Leese

Vanitas; et omnia vanitas

Oparłszy stopę, która dyktuje rytm, na aluminiowej płozie
kołyski Dawida, sięgam nad jego głową po długopis,
aby spisywać śmierć. Najpierw była Murka
pod kołem samochodu. Potem Mini zniknęła tajemniczo,
jakby uprowadził ją palestyński kontrwywiad. Kilka dni temu
zdechł Kosma wyniszczony biegunką, nie pomogła kroplówka
                                        ani pocałunki,
do ostatka miauczał wzywając pomocy. Teraz przychodzi wiadomość,
że Marylou zginęła w wypadku na motocyklu, w pogoni za wiatrem. A
                                        jeszcze niedawno
znalazłem w łazience jej spóźniony włos. Teraz te włosy marnieją
gdzieś we francuskiej ziemi. Cześnie młode ciało. Mój trzymiesięczny syn
stroi mądre minki i śle chytry, zwycięski uśmieszek.
Coś wie. Jest może jednym z palestyńskich zwiadowców.

Vanitas; Et Omnia Vanitas

With my foot dictating the rhythm on the aluminum runner
of David's cradle, I reach over his head for a ballpoint
to write down death. First there was Murka
under the wheel of a car. Then Mini vanished mysteriously,
as if she'd been kidnapped by the Palestinian counterintelligence. Kosma died
a few days ago, emaciated with diarrhea, the drip and the kisses didn't work,
he miaowed for relief to the very end. Now comes a message saying
that Marylou was killed in a motorcycle crash, chasing the wind. Not long ago
I found her delayed hair in the bathroom. Now the same hair is wasting away
somewhere on French soil. Young flesh perishes. My three-month-old son
makes clever faces and sends off a sly, victorious grin.
He knows something. He may be one of the Palestinian scouts.

trans. W. Martin & Elżbieta Wójcik-Leese

Darek Foks (b.1966, Skierniewice), poet and prose writer, studied Polish Literature at the Pedagogical College in Kielce and Dramatic Art at the Drama School in Warsaw. He worked for a time as a secretary on the *Literatura na Świecie* editorial board. He has published the poetry books *Wiersze o fryzjerach* (Verses on Hairdressers, 1994), *Misterny tren* (Intricate Lament, 1997), *Ezra Pub* (1998), *Sonet drogi* (Road Sonnet, 2000) as well as the prose volumes *Orcio* (1998) and *Pizza weselna* (Wedding Pizza, 2000). He has received the Kazimiera Iłłakowiczówna Prize and the Poetry Prize of the quarterly *bruLion*. His brother Jacek Foks is an author of narrative photos many of which have been chosen as covers of publications by Darek Foks and by poets of his generation.

trans. Jamie Harmon Ferguson

W wieży Babel

Pamięci J.L. Borgesa

Był to najbardziej powalający
ze znanych nam obrazów
znienawidzonej przez wieczność
kultury konsumpcyjnej,
więc nie pozostało nic innego
jak podejść bliżej i dać się
przewrócić. W takim miejscu
upadek nie jest czymś
niezwykłym: upadasz, wstajesz,

otrzepujesz spodnie i wychodzisz
z kieszeniami pełnymi
wierszy Johna Berrymana,
które wyprułeś żyletką
z oniemiałego miesięcznika, albo
tak jak ja, z „New Yorkerem"
pod swetrem, bo nie miałem
żyletki, a w środku był wiersz
Yellow Flowers Jamesa Schuylera.

In the Tower of Babel

In memory of J. L. Borges

Of all those we knew
it was the most upsetting image
of the eternally detested
culture of consumption,
meaning that there was nothing left to do
but get up close and let yourself
be thrown for a loop. In such a place
a fall is nothing
unusual: you fall, you get up,

dust off your pants and out you go,
your pockets full
of poems by John Berryman,
which you had cut with a razor blade
from a defunct monthly, or
like me, with the *New Yorker*
under your sweater, since I had no
razor blade, and inside was the poem
"Yellow Flowers" by James Schuyler.

Tłumacząc „Pana Tadeusza" na bułgarski

Tysiąc lat prześladowań i nagle
rodzę się ja. Jeszcze ćwierć wieku
prześladowań pod pomnikiem Wdzięczności
i znowu się rodzę. Tym razem
jest więcej hałasu
i są dziewczyny. Dużo dziewczyn,
które swego czasu prześladowano
z bardzo dziwnych powodów.

Zapytał grzecznie: „Człowieku, i ty
nazywasz to poezją lat dziewięćdziesiątych?"
Powiedziałem: „Nazwę to
Dziennikiem Anny Frank
pierwszej połowy przyszłego stulecia,
pod warunkiem, że jesteś samochodem
i wywieziesz mnie
do Amsterdamu, kapralu".

Translating *Pan Tadeusz* into Bulgarian

A thousand years of oppression and suddenly
is born yours truly. Another quarter-century
of oppression at the foot of a monument to Gratitude
and again I am born. This time
there's more commotion
and there are girls. Lots of girls,
who in their own day were oppressed
for very strange reasons.

He asked politely: "Young man, and you
call that the poetry of the nineties?"
I said: "I'll call it
the *Diary of Anne Frank*
of the first half of the coming century
provided you're driving
and you give me a ride
to Amsterdam, corporal."

Sarajewo w ogniu

> *Zakochałeś się w tej wojnie,*
> *czy co?*

A myślałem, że moja miłość
do napisów na grzbietach książek
nigdy nie wygaśnie. Franz

Kafka dopala się w rogu,
na podłodze. Masz oko,
trochę czytałeś i jesteś cwany,

w ogóle robisz wrażenie. Franz
Kafka prosił o to. Ale
dlaczego walnąłeś w Joyce'a?

Jamesa Joyce'a. Spodobało ci się.
Jeszcze kilka takich strzałów,
a zacznę zgadywać, kto będzie

następny. Przede mną
jedna z większych rewolucji
w prozie XX wieku; za mną

niezbyt gruba ściana; nade mną
raczej cienki parapet;
ja sam też nie należę

do gruboskórnych. Mam nadzieję,
że nie kręci się tam koło ciebie
jakiś spryciarz z grubszą rurą,

Sarajevo in Flames

Did you fall in love with this war,
or what?

And here I thought that my affection
for the writing on book-spines
would never die out. Franz

Kafka smouldering in the corner,
on the floor. You've got an eye,
you've read a bit and you're slick,

in general you make an impression. Franz
Kafka's got what he asked for. But
why'd you have to go after Joyce?

James Joyce. You like it too.
A couple more shots like that
and I'll start asking: who's up

next. In front of me
one of the greatest revolutions
in 20th-century prose; behind me

a not too thick wall; above me
a pretty skinny window sill;
nor am I what you would call

thick-skinned. I hope
there's not some joker with a thicker barrel
wandering around down there with you

którego mógłbyś złapać za rękaw
i zachęcić do działania
słowami: „Widzisz tamto okno?

Pokazałem mu, z kogo zrzynał,
teraz ty mu pokaż,
jak wygląda koniec literatury".

17 V 92

who you could catch by the sleeve
and get moving
saying, "You see that window?

I showed him whose pages he's been turning,
now you show him
what we mean by the end of literature."

17 V 92

Udręka i ekstaza

Przygnębiony dużym zainteresowaniem,
z jakim w Stanach Zjednoczonych i Kanadzie
spotyka się haiku [„Literatura na Świecie",
1991, nr 1, s. 210-273], zastanawiam się,
czy jest jeszcze coś, co może mnie
tak przygnębić. Muszę przyznać,

że nie ma nic bardziej przygnębiającego
niż duże zainteresowanie,
z jakim w Stanach Zjednoczonych i Kanadzie
spotyka się haiku [„Literatura na Świecie",
1991, nr 1, s. 210-273]. Na szczęście,
masz dzisiaj lekcję religii,

z której się zerwiesz. Zrywaj się
i chodź tu do mnie, bo jestem przygnębiony
dużym zainteresowaniem,
z jakim w Stanach Zjednoczonych i Kanadzie
spotyka się haiku [„Literatura na Świecie",
1991, nr 1, s. 210-273]. Powiedz mi,

że mnie kochasz lub coś w tym stylu,
bo zrezygnowałem z papierosów,
żeby się źle poczuć
na wieść o dużym zainteresowaniu,
z jakim w Stanach Zjednoczonych i Kanadzie
spotyka się haiku [„Literatura na Świecie",

My Joy and My Bane

Depressed by the great interest
met, in the United States and Canada,
by the haiku [*World Literature*,
1991, no.1, pp.210-73], I wonder
if there's anything else that would leave me
so depressed. I have to admit

that there's nothing more depressing
than the great interest
met, in the United States and Canada,
by the haiku [*World Literature*,
1991, no.1, pp.210-73]. Luckily
you've got Sunday school today,

which you skip. Skip
and come over to my place — I'm depressed
by the great interest
met, in the United States and Canada,
by the haiku [*World Literature*,
1991, no.1, pp.210-73]. Tell me

you love me, or something along those lines —
I quit smoking
so as to feel rotten
at the news of the great interest
met, in the United States and Canada,
by the haiku [*World Literature*,

1991, nr 1, cena 9000 zł.]. Weź papierosy,
jeśli mnie kochasz, bo jestem przygnębiony
dużym zainteresowaniem, z jakim w Polsce
spotyka się duże zainteresowanie,
z jakim w Stanach Zjednoczonych i Kanadzie
spotyka się haiku ["Literatura na Świecie",

1991, nr 1, nakład 15 000 egz.].

1991, no.1, price: 9000 zloties]. Take the cigarettes
if you love me — I'm depressed
by the great interest met, in Poland,
by the great interest
met, in the United States and Canada,
by the haiku [*World Literature*,

1991, no.1, impression: 15,000 copies].

Nieudana próba wyjaśnienia autorowi „Balu manekinów" zasady działania telewizora

Nie chciałbym być chorwackim wariatem,
w Chorwacji rzucają bombami
w domy wariatów. Pozbawiają je
wody, elektryczności i okien,
co czyni beztroskie życie wariata
życiem pełnym niebezpieczeństw.

Niełatwo też być trąbką. Teraz,
gdy ten, który umiał grać na trąbce
umarł, trąbki opuszczają futerały,
tworzą wielkie stada
i wędrują poszukując miejsc, gdzie
już ich nikt nie zapluje.

Dobrze, że mi nie powierzono misji
utworzenia rządu. Po jakimś czasie
musiałbym zjeść polską kolację
z Margaret Thatcher, a wtedy
duch Bobby'ego Sandsa mógłby
nazwać mnie głupim skurwysynem.

Jeżeli mogę wybierać, to chcę być
Marianem Kociniakiem, udającym Mariana
Kociniaka, i z dłonią na piersi Grażyny
Barszczewskiej recytować twój wiersz
o dotykaniu ładnych piersi,
nie schodząc przy tym poniżej

An Unsuccessful Attempt at Explaining the Fundamentals of Television to the Author of *The Manikins' Ball*

I wouldn't want to be demented in Croatia.
In Croatia they throw bombs
into homes for the demented. They take out
their water, electricity, windows,
which makes of the carefree life of the demented
a life full of dangers.

Being a trumpet isn't easy either. Now
that the guy who knew how to play the trumpet
is dead, the trumpets have abandoned their cases,
are forming great herds
and wandering around looking for places where
they'll never be spat on again.

It's a good thing I wasn't assigned the mission
of reforming the government. At some point
I'd have to eat a Polish dinner
with Margaret Thatcher, and then
the ghost of Bobby Sands could
call me a stupid son-of-a-bitch.

Given my choice, I'd want to be
Marian Kociniak, pretending to be Marian
Kociniak, and with my palm on the breast of Grażyna
Barszczewska, to recite your poem
about touching nice breasts
without going below

pewnego poziomu. Śmiało, Bruno,
hwyjmij młotek z szuflady
i walnij nim w tę panią, która
za chwilę użyje słowa „dobranoc".
Jest od nas dużo mniejsza,
powinieneś dać sobie radę.

3 X 91

a certain level. Go ahead, Bruno,
take a hammer out of the drawer
and let the lady have it, the one who
in a second is going to say "Good night."
She's a lot smaller than we are,
you should be able to manage.

3 X 91

photo by Wojciech Wilczyk

Krzysztof Jaworski (b.1966) is a poet, prose writer, dramatist, and screenwriter. He graduated in Polish Literature from the Pedagogical College in Kielce, where he now lectures on the history of literature. He also works on the editorial board of the quarterly *bruLion*. He has published the collections *Wiersze* (Poems, 1992), *Kameraden* (1994), *5 poematów* (5 Epic Poems, 1996), *Jesień na Marsie* (Autumn on the Mars, 1997), *Hiperrealizm świętokrzyski* (Świętokrzyski Hyperrealism, 1999), *Czas triumfu gołębi* (Time of Pigeons' Triumph, 2000), as well as the novel *Pod prąd* (Against the Grain, 1999). His two plays *Czekając na Mrożka* (Waiting for Mrożek) and *Szeherezada* (Scheherezade) have been staged; he also writes screenplays for independent films and animated cartoons.

trans. Jamie Harmon Ferguson

Zmarłem kiedy miałem osiem lat

Dlaczego paznokcie kapią z dłoni, z twoich
dłoni o fioletowej kości i skórze
z miąższu palonego pnia?

(znamy to z literatury,
jeden z największych, współczesnych pisarzy
iberoamerykańskich, którego miejsce przy stole
opustoszało, lecz jak w pitagorejskich mitach
powraca wciąż i rozmawia z nami w porze posiłków)

— Powinieneś spróbować jadać regularnie.

Jestem wstrząśnięty. Jestem zdruzgotany.
Dlaczego paznokcie kapią z dłoni?
— Po pierwsze:
znaleźć ten fragment u Joyce'a kiedy mówi
że ser to trup mleka. Trup.

I Died When I Was Eight

Why do fingernails trickle from the hands, from your
hands, bones of violet, skin
formed of the innards of a burning tree stump?

(we know this from literature,
one of the greatest contemporary writers
of Latin America, whose place at the table
is deserted, while, as in Pythagorean myths,
he still returns and talks with us at mealtime)

— You should attempt to eat regularly.

I am shaken. I am shattered.
Why do fingernails trickle from the hands?
— For one thing:
find that part in Joyce where he says
that cheese is the corpse of milk. The corpse.

Noc długich noży

Przebiłem się wreszcie przez
twój długi list sprzed
lat i przez to opasłe tomisko
o Boschu, na które poszła cała pensja,
dziwne Ewy bez pępków, zanim jeszcze
dały dupy Adamowi — akademicka wiedza,
chujowe zarobki. Stopa,
to symbol nieśmiertelności.
Mam dwie stopy.

The Night of Long Knives

I finally pushed my way through
the long letter you wrote me
years ago, that and the mammoth tome
on Bosch, the one that cost a month's salary,
strange Eves without navels, from before
they'd bent over for Adam — academic knowledge,
piss-poor earnings. The foot
is a symbol of eternity.
I have two feet.

Poczekam jeszcze

ależ to oczywiste pewnie
że ktoś chciałby żebym latał z kamieniem
po ulicy i wrzeszczał jak wariat ale nie mogę
zrozumcie jestem przecież czymś w rodzaju
proroka albo drugiego mesjasza jakiś
zamach bombowy to i owszem śmierć głodowa
i te rzeczy rozumiesz może i dałbym się
namówić pod odpowiednim pretekstem co
mi szkodzi powygłupiać się trochę powiercić
jak mucha na gównie no co mi szkodzi
mówię kiedy i tak czuję się podle bo chciałbym
być ciężko chory na raka albo inne
nieuleczalne świństwo i pewnie pomyślisz
że to co piszę nic nikogo nie obchodzi
jest po prostu nieważne i masz rację
ale to ważne cholernie ważne
bo przytrafiło się mnie

I'll Wait a Bit Yet

but of course no doubt about it
someone out there would like to see me holding a rock running
up and down the street screaming like a fruitcake but I can't do it
try to understand I'm something more along the lines of
a prophet or a second messiah some
bomb attack that and you guessed it starvation
and that sort of thing you see what I mean and maybe I could
even be talked into it given the right pretext what
have I got to lose fool around a bit buzz around
like a fly on shit what indeed have I got to lose
I'm telling you when in any case I'm feeling vile I'd like
to be seriously ill to have cancer or some other
incurable nastiness no doubt you'll have it
that what I write doesn't make a difference to anyone
that it just plain doesn't matter and you're right
except that it does matter hell yes it matters
because that was what happened to me

Monsieur Pologne

Według znawców tematu, mój ulubiony poeta francuski
(nie mam ulubionych poetów francuskich) — Paul Verlaine —
(a dlaczego nie Charles Baudelaire?) — kochał się
beznadziejnie w prostytutce Eugenii Krantz. Prostytutka
była koszmarnie brzydka, a jej tłusta szyja
trzęsła się perwersyjne, kiedy biła biednego Verlaine'a,
gdyż lubiła wypić. (A kto nie lubi?) Tyle znawcy tematu.
A ja?
Najpierw idę na kawę, gdzie zamawiam kawę,
bo nie znoszę kawy. Potem gapię się, jak dwie baby
kupują sztucznego fiuta. Potem się nudzę, więc się gapię
jak sprzedawca zachwala dwóm babom sztucznego fiuta.
Potem, według zaleceń podręcznika dla pisarzy,
usiłuję przekuć swój bagaż osobistych doświadczeń
na zdania złożone podrzędnie. Potem piję kawę, bo nic tak nie
wkurwia jak picie kawy. Potem kończę pić kawę, bo nic tak nie
wkurwia jak zdanie złożone podrzędnie. Oraz postanawiam
nie dzielić się żadnym osobistym doświadczeniem. A obok
mnie siedzą: Dżinsowa Kurtka Z Napisem Iron Maiden,
Fioletowe Włosy i Kolczyki Na Sutkach. To właśnie z nimi
się nie podzielę w pierwszej kolejności. No i fiut z nimi.
Do kawy kupuję bułkę od pani od bułek, bo pani od bułek
zawsze się cieszy: — „O, Monsieur Pologne..."
Zawsze się cieszy tak samo, bo zawsze tu kupuję. Teraz
to zrozumiałem. Znacznie później zrozumiałem,
że „Monsieur Pologne", to ja. Kto wie, czy nie policzą
mi tego na plus. Bułka przypomina fiuta
i zwą ją „paryska". Liczę to na minus. Kolejny dzień,
kolejny fiut, kolejna kawa, kolejna bułka, kolejne zdanie
podrzędnie złożone. Kocham to miasto, bo nikt tu nie mówi
o dolarach.
Będę pisał niezrozumiałe wiersze dla nikogo.

Monsieur Pologne

According to experts on the subject, my favorite French poet
(I have no favorite French poets) — Paul Verlaine —
(and why not Charles Baudelaire?) — fell in love,
hopelessly in love, with a prostitute, Eugenia Krantz. The prostitute
was nightmarishly ugly, and her blubbery neck
rippled perversely as she beat up on poor Verlaine
— she liked to drink, you see. (And who doesn't?) So much for
                              the experts on the subject.
And as for me?
First I go out for a coffee, and there I order a coffee,
because I cannot stand coffee. Then I stare at two chicks
buying a fake dick. Then, bored, I stare
at the salesman praising the fake dick for the two chicks.
Then, following recommendations from a handbook for writers,
I mold my baggage of personal experiences
into compound sentences. Then I drink some coffee, since nothing
pisses me off quite like drinking coffee. Then I finish drinking coffee,
                              since nothing
pisses me off quite like compound sentences. I also decide
not to share any personal experience. And next
to me sit: A Jeans-Jacket With *Iron Maiden* Written On It,
Violet Hair And Pierced Paps. Starting with them —
first in line — I'm not going to share any. Bunch of dicks.
I buy a roll from the roll-lady, to go with my coffee, since the roll-lady
always cheers up: "Oh, Monsieur Pologne..."
She always cheers up in exactly the same way, since I always buy there. At last
I understood that. A good deal later I understood
that "Monsieur Pologne" was me. Who knows, maybe they'll count
that in my favor. The roll reminds me of a dick
and they call it "Parisienne." I count that against me. Another day,
another dick, another coffee, another roll, another compound sentence.
I love this town, because nobody here talks about
dollars.
I'm going to write incomprehensible poems for nobody.

photo by Wojciech Wilczyk

MLB (the pen name of **Miłosz Biedrzycki**; b.1967, Slovenia) is a graduate in Geophysics at Kraków's Academy of Mining and Metallurgy, prospects for natural resources. He also works on the editorial board of the quarterly *bruLion*. He has published three volumes of poems: * (1993), *Ë%Ë%* (1994), and *Pył/Łyp* (Dust/ Squint, 1996). He has been awarded poetry prizes by the periodicals *bruLion* and *Czas kultury*.

trans. W. Martin & Ewa Chruściel

O doniosłości klasy robotniczej

myślisz, że nie widziałem tych tysięcy mężczyzn
z początkiem każdej zmiany przemieniających się
w brudnobure E.T. w gumiakach, z nonszalancją
odbijających karty w zegarze, uchylających
hełmów przed oleodrukowych kolorów św. Barbarą
w nadszybiu. te wagoniki z węglem w telewizji
to kamuflaż (o właściwym celu kopalń się
nie mówi) większość z nich pod ziemią po prostu
ustawia się w korytarzach, twarzami na zachód,
cierpliwie, na trzy zmiany, drepczą w miejscu.
(wiewiórka biegnąc w miejscu wprawia bęben w ruch)
nie pytaj mnie więcej, jak to jest, że się Ziemia obraca.

On the Importance of the Working Class

you think i haven't seen those thousands of men
transforming themselves at the start of every shift
into muddy E.T.'s in rubber boots, nonchalantly
punching their time cards, tipping their helmets
to a four-color lithograph of Saint Barbara
inside the shaft head. those coal cars on t.v.
are only camouflage (the real purpose of the mines
is never talked about) most of them simply
line up in corridors underground, facing west,
patiently, in three shifts, teetering in place.
(a squirrel running in place sets the wheel in motion)
don't ask me anymore how it is the Earth revolves.

(Henryk Grynberg)

spacer po zaśnieżonym lesie, spokojna myśl
że wszystko najpewniej zacznie się od początku
ciekawe kogo tym razem wybiorą na Żydów

mróz w kręgosłupie kiedy wszystkie
psy we wsi zaczynają szczekać:
paranoja, jasnowidzenie?

(Henryk Grynberg)

a walk through snowy woods, the quiet thought
that all of it will probably start up again
wonder who will be chosen for the Jews this time

the frost in my spine when all
the dogs in the village start barking:
paranoia, second sight?

Hołd
(dwa sonety)

I

Kraków, 29.01.1991 — hej! co u Was
nowego słychać, bo u mnie nic nowego
nie słychać, ale może u Was słychać
coś nowego, ponieważ jak już wspomniałem

u mnie nie słychać nic nowego; ciekaw
jestem, co takiego nowego słychać u Was,
bo niestety u mnie nic nowego nie słychać
no więc idę posłuchać, co nowego słychać

u moich znajomych, ale, jak się dowiaduję,
u nich niestety też nic nowego nie słychać
i oni mnie pytają, co u mnie nowego słychać

no i niestety rozczarowali się, ponieważ
u mnie nie słychać nic nowego i powiedziałem im,
że u moich znajomych z Buszyna też

II

nic nowego nie słychać, więc mówię,
że u moich znajomych, których Wy nie
znacie niestety, u nich też nic nowego
nie słychać. bo chodzi o to, by coś

nowego było słychać, a nie starego.
więc co słychać nowego napiszcie, bo
u mnie nic nowego, u nich też nic
nowego i u tamtych też nic nowego,

Homage
(Two Sonnets)

I

Kraków, 29/1/91 — hey you guys! what's
new with you, because there's not much
new with me, but maybe you're up to
something new, since like I said

I'm not up to anything new at all; I'm interested
to know what sort of new stuff is going on with you,
since unfortunately there's nothing new going on here,
so I'm off to hear what's new over there

with my friends, but as it turns out,
there's nothing new going on with them, either,
and they're asking me what's new, too,

and unfortunately they're disillusioned, because
there's nothing new with me, and I even told them
not with my friends in Buszyn either

II

there's not much new going on, so I'm just saying
how my friends, none of whom you know
unfortunately, don't have anything new to report
either. because it's important to hear

about what's new, and not what's old.
so write and tell me what's new with you, because
there's nothing new with me, and nothing
new with them, and not with those guys either,

a tamci także mówią, że nic nowego
więc proszę uratujcie nas wszystkich
powiedzcie, że jednak coś nowego

u Was słychać, z poważaniem
Mirek Gonzales Flokiewicz.
Kraków ul. Krowoderska 57/4a

and even they don't have anything new to report
so I'm asking you, please, save us all,
tell us that there's still something new

happening with you, yours truly
Mirek Gonzalez Flokiewicz
Kraków, ul. Krowoderska 57/4a

Słuchaj! tutaj, dni zmechacone

słuchaj! tutaj, dni zmechacone
skórzane ryby prześlizgują się przez
krzyżowiska patyków. od kiedy wiosna?

liście miały trzy dni na wystrzelenie: i zdążyły!
dzisiaj od rana znów wcieranie śniegu w beton,
wydreptywanie spirali. biel

i rozrzutne falbany świeżych liści
lśnienia ssą oczy. kiedy się zatrzymam
ina, iza, oza i acja skoczą mi na kręgosłup

i schrupią. wilgotny hałas przeciska się
pod uszczelką. jesteśmy w polu
gdzie najmniejsze poruszenie

nabiera najwyższej wagi.
tak, najwyższej wagi.

Hear! here, tough-stained days

hear! here, tough-stained days
leather fish slither through
criss-crosses of sticks. when's spring?

the leaves had three days to shoot: and made it!
again wiping snow into concrete since this morning,
plodding spirals. whiteness

and the extravagant frills of fresh leaves
the flashes suck on my eyes. if i stop
inity, ysis, osis, and ation will jump on my spine

and crunch. a moist clamor squeezes through
under the seal. we're in a field
where the slightest movement

takes on the most importance.
yes, the most importance.

photo by Elżbieta Lempp

Wojciech Bonowicz (b.1967) is a poet, prose writer, and literary critic. A graduate in Polish Literature at the Jagiellonian University in Kraków, he works as an editor of the Kraków-based monthly *Znak*, which is concerned with religion, philosophy and culture. He has published two books of poetry: *Wybór większości* (The Majority Choice, 1995) and *Hurtownia ran* (A Warehouse of Wounds, 2000). He has received the Poetry Prize of the periodical *Nowy Nurt*.

trans. Margarita Nafpaktitis

Słabość domu

Muchy roznoszą upał.
Ta największa przebija
skórę i zaczyna bzyczeć
w moich wewnętrznych pokojach.

The House's Weakness

Flies spread the sweltering heat.
The biggest one punctures
my skin and starts to buzz
in my interior rooms.

My

Budzi nas bicie w bęben
blachy.

Śmieci
zabierają —
a nas
tak zostawią?

We

Brought to life by the beating on a battered
barrel.

Collecting
garbage —
and they leave us
like this?

39°

Zieleń powoli ucieka ze słońca.
Milczenie jakby zebrali się tu ci
którzy nie chcą mówić. Ptak je rybę

w powietrzu i wygląda to jak znak
długo oczekiwany. Wyłożony nad
nimi w niewłaściwym dniu.

39°

The greenery slowly slips out of the sun.
Silence as if those who don't want to speak
have gathered here. A bird eats a fish

in the air and it looks like a sign
long awaited. Displayed above
them on the wrong day.

Burza

Ziemia ostrzy się
przy mnie. Deszcz tłucze rzekę. Jest
niedziela ale modlimy się
w domu. Czytamy ten
list.

Storm

The earth sharpens itself
beside me. Rain pounds the river. It is
Sunday but we pray
at home. We read this
letter.

Spisek byłych mężczyzn

Dobrze się stało że noc nadchodząc
rozpędziła nas do mieszkań. Obawa że
jakichś dwóch pozbawionych wszystkiego
pijaczków wykłuje nam oczy

okazała się silniejsza od dawnych
przyzwyczajeń. Nie chcieliśmy aby
nasze żony zostały zdradzającymi
nas wdowami. Opuściliśmy więc

betonowy cień kościoła i tramwajami
rozjechaliśmy się po mieście. Każdy
z rybą w gardle. Trzepoczącą ogonem.
Połykającą potrzebne nam powietrze.

Conspiracy of Former Men

It's a good thing that night coming on
drove us toward our apartments. The fear that
two drunks with nothing left to lose
would poke our eyes out

turned out to be stronger than our old
habits. We didn't want
our wives to become unfaithful
widows. So we left

the cement shadow of the church and took
the trams our separate ways all over the city. Each
with a fish in his throat. Flapping its tail.
Swallowing the air we needed.

Marcin Sendecki (b.1967, Gdańsk), poet and expert on Raymond Chandler and John Le Carré, started medical studies but eventually graduated in Sociology from Warsaw University, where he is now a PhD candidate. He works on the editorial board of the quarterly *bruLion*. His collections are *Z wysokości* (From the Heights, 1992), *Parcele* (Building Plots, 1998), *Muzeum sztandarów ruchu ludowego* (Museum of Banners of the People's Movement, 1998) and *Książeczka do malowania* (Coloring Book, 1998). He co-edited (with Marcin Baran and Marcin Świetlicki) the anthology *Długie pożegnanie. Tribute to Raymond Chandler / The Long Good-bye. Tribute to Raymond Chandler.*

trans. W. Martin

Tym razem obędzie się bez ofiar

Będzie święto, nagłe i podniosłe, pełne
słońca i nowych, błyszczących butów. Tym
razem mikrofony nie zawiodą, chłopcy będą
radośnie pluć z balkonów i mięso, mięso
ruszy ulicą, zapalimy papierosy od podręcznych
zniczy. I tyle będzie słów, jasnych jak miedź, jak
drzwi kościoła. Będzie święto, będziemy jeść
ciastka.

(89)

This Time There Won't Be Any Casualties

It will be a holiday, sudden and sublime, full
of sun and brand-new, shiny shoes. This time the microphones
won't fail, boys will spit with joy from the balconies,
and meat, the streets will flow with meat, we'll light
cigarettes with handy pocket vigil lights. And there will be
words, lots of them, bright as copper, as church doors.
It will be a holiday, we will eat
cakes.

(89)

Oczywiście

Oczywiście, nie do ustalenia, w sobotniej
sukience idzie ulicą, szminka tonie w strugach
wilgotnego wiatru. Asfalt jest miękki, dotyka
warg, piersi i płonie pościel, oczy wędrują
wzdłuż nóg. Szorstki dym przecina skórę i śluz,
paznokcie dławią się szeptem, błyszczą policzki i
palce, ogłuszone, poprawiają niedopięty guzik (zapięcie
torebki?). Pieką spojówki, głowa, odchylona, notuje rytm,
kolor i krój bluzki. Teraz i za tydzień, oczywiście nie do
ustalenia;

Of Course

Of course, it's impossible to know, in her Saturday
dress she walks down the street, lipstick drowning
in the wind's wet current. The asphalt is soft, it touches
lips, breasts, the bedsheets burn, eyes wander
after the legs. Ragged smoke cuts through skin and mucus,
nails choke on a whisper, cheeks and fingers glisten,
stunned, adjusting the unfastened button (the clasp
of a bag?). The conjunctiva burn, the head, drawn back,
notes the rhythm, the color and cut of the blouse. It can't be,
not now and not a week from now, of course,
known;

Z wysokości

Z wysokości drugiego piętra widać parking, wieżyczki
cerkwi i łuski tynku na ciele zmieniających skórę
bloków, dalej, za ścianą, ludzie przemierzający ulice
połykają sylaby, wstążka deszczu zaciska się na krtani,
schodząc widzisz dzieci wbiegające w obręcz kałuży, krople
na ich spoconych twarzach i słyszysz, już za plecami, komendy
siedmioletniego dowódcy, dalej, zatrzymujesz się, płótno
parasola, dotknięte od dołu, przemaka, mokre włosy krzepną,
ukryty w kurtce wilgotny banknot z Waryńskim drży z zimna,
za chwilę wydasz go, oddasz za zapałki i tytoń: tak jakby ten
kiosk był siedzibą Ochrany lub kantorem wymiany żywiołów:
jest lipiec, życie — odłożone na później — składa się w
kostkę i mieści w wewnętrznej kieszeni;

(87)

From the Heights

From the heights of the third floor you can see the parking lot,
little domes of orthodox churches, flakes of plaster on the bodies
of buildings shedding skin, further on, behind the wall,
people pace the streets swallowing syllables, their larynxes cinched
with ribbons of rain, on the way down you see children dodging
into hoops of puddles, drops on their drenched faces, and hear,
just behind you, their seven-year-old commander's orders, further
on, you stop, the canvas of your umbrella, touched from below,
leaks, wet hair congeals, tucked in your shirt a damp Waryński
on the banknote shivers in the cold, in a second you'll hand him
over for matches, tobacco: as if that kiosk were the *Okhrana's*
station or an exchange for converting the elements:
it's July, life — saved up for later — gets wadded in
a cube and held in an inside pocket;

(87)

Pola, kałuże

Pola, kałuże, pochylone sylwetki ludzi i
niebo spadające na dachy brudnych domów, tak

czysto

Fields, Puddles

Fields, puddles, people's slanted silhouettes, and
the sky falls down on the roofs of the dirty houses, so

spotlessly

Lustro

Dla Marcina Barana

Wszystkie fotografie bez wątpienia wierne. Światło
się zmieni i skreśli kolory. Bury kark cerkwi i złupiony
park sczernieją, podobne zębom miejscowej ludności. Sporządza
raport, wciska szpilki w mapę, którą rysował zamykając oczy.
Chory ze śmiechu, przeniesiony znikąd.

Mirror

For Marcin Baran

All photographs are faithful without a doubt. The light will change
and delete the colors. The orthodox church's grizzled neck
and the pillaged park blacken like the local populace's teeth. He prepares
a report, pushes pins into a map that he drew with his eyes shut.
Sick from laughing, displaced from nowhere.

Dni kultury karpackiej

Wiedziałem: *chcesz jechać w poniedziałek,*
pojedź kiedy indziej. Rodzaj tabu. Taka instytucja.
Mógłbym kiedy indziej, ale na Stadionie
stoję w poniedziałek. Same cuda: pan bez nogi
przy kiosku! pani z parasolem! Druty
sterczą. I wtedy znienacka nadjeżdża autobus.

Wiadomo jak ważny jest sprawny autobus.
Jeśli nie zawiedzie, przyjedziemy nocą, we wtorek,
ale trzymaj kciuki za silnik i te wszystkie druty!
Znamy się z Pekaesem, awarie to już instytucja.
W pociągu można chociaż rozprostować nogi.
Nie wiadomo czy będzie postój w Garwolinie.

Nic z tego. Za to ponad kwadrans w Rykach.
Sąsiad wysiadł, pali, ogląda autobus.
Pani pije colę. To przygnębiające: nogi
do nieba, buzia dosyć szpetna. Wraca w środę,
a potem z wódką na przysięgę. Instytucja
państwa wpuści ją za druty.

Kierowca musi mieć nerwy jak druty.
Chwila nieuwagi i zamiast na dworcu w Lublinie
staniemy w kostnicy. Napiszą: co za instytucja
pozwala histerykowi prowadzić autobus?
Sprawa ucichnie nie wcześniej niż w czwartek.
W dzienniku zobaczysz moje martwe nogi.

Żyjemy. Pani siedzi korzystnie, pokazuje nogi.
Nie zasłaniaj, odsłoń! Nawet miejsca, gdzie druty
przecięły skórę. Sąsiad chce się umówić, w piątek
ma wypłatę. Mógłby z nią w Krasnymstawie

Carpathian Days

I might have known: *You want to go on a Monday?*
Me, I'd go on another day. The usual superstition. Or lack of organization.
I could have gone on another day, but Monday I'm at the stadium,
watching the wonderful world go by. A man with no legs
by a booth, a woman beneath an umbrella. (This the view from the stall.)
Then, all of a sudden, here comes the bus.

There's nothing worse than a broken-down bus.
If it doesn't conk out, we'll be there after dark, on Tuesday.
So fingers crossed that the engine not stall.
National Express: the last word in organization!
On the train at least you can stretch your legs.
Nobody knows if we stop in Garwolin.

We didn't. But we've fifteen minutes in Ryki.
My neighbour gets out for a fag, then walks around the bus.
Across the aisle a girl sips a Coke, legs
in the air, ugly as sin. She's not going back till Wednesday
when her man goes into the army. Which calls for the organization
of vodka, some chairs and a stool.

A driver needs to have nerves of steel.
One false move and instead of the station in Lublin
we stop for good at the mortuary. *What kind of an organization*
this, next day, in the papers — *lets a hysteric drive its bus?*
We'll be an item till Thursday,
at least. On the evening news: my corpse, its legs.

Alive, we drive on. The girl sits so I can see her legs
then covers them — damn! — along with the scars where the little steel
pins (or needles) went in. Her neighbour suggests they go out some
      night, Friday
he picks up his wage. They could spend the weekend in Krasnystaw,

spędzić cały weekend. I natychmiast autobus
kibicuje młodym. To taka ciepła, swojska instytucja.

Już późno. Trochę szarpie, prawda? Każda instytucja
dławi się w końcu sobą i wyciąga nogi.
Nawet pamięć. Nie wierzysz? Po latach, kiedy autobus
zatańczy na szrocie, odkryję w głowie przepalone druty.
Na razie jesteśmy na dworcu w Zamościu.
Na razie, będę tu w przyszłą sobotę.

Jeżeli będę. Pusta instytucja wymiany adresów. W jakiś poniedziałek
rzucę tę kartkę pod nogi. Może w Tomaszowie.
Oparty o autobus, z mokrym papierosem, będę patrzył jak wiatr ją
        ściska i niesie na druty.

two whole days! Immediately everyone sat on the bus
gives a cheer. We're all one happy family, one well-oiled organization.

It's getting late. — *The driver is taking some corners!* — *Every organization*
chokes in the end on itself, kicks the proverbial bucket. Both legs.
Same with memory. Just you wait. Years on, the bus
sways beneath a great magnet, today shards of memory, shards of steel.
Till when I'm sat at the station in Zamość.
Till then! (Then being this coming Saturday.)

If I show up. To think of the organization involved in exchanging addresses!
Some Monday, no doubt, I'll throw this piece of paper away. Legless,
      no doubt, in Tomaszów.
Leant against the bus, with a damp cigarette, I'll watch the wind seize it —
      and lose it in style.

trans. Cathal McCabe

photo by Wojciech Wilczyk

Krzysztof Śliwka (b.1967, Ząbkowice Śląskie) is a poet, and occasionally a journalist. He attended the Technical School of Building Trade in Ząbkowice and the Technical School of Inland Navigation in Wrocław. His volumes of poems include *Spokojne miasto* (Quiet Town, 1989), *Rajska Rzeźnia i inne wiersze* (Paradise Slaughterhouse and Other Poems, 1993), *Niepogoda dla Kangura* (Bad Weather for the Kangaroo, 1996), *Gambit* (1998), and *Rzymska czwórka* (The Roman 'Four', 1999). He has been awarded a poetry prize by the Trakl Foundation.

trans. Margarita Nafpaktitis

Zapis z końca roku

Jest piąta, spadł śnieg i pewnie autobusy nie wyjadą
z zajezdni zanim piaskarki nie przetrą śladów ulic.
Niedogaszony papieros tli się na brzegu popielniczki.
Świt zaskakuje nas przy każdej kolejnej próbie wtargnięcia
do mieszkania. Bez pośpiechu odbieramy pierwsze telefony.
Nakładamy warujące na krzesłach ubrania, podczas gdy radio
informuje nas o pogarszających się warunkach atmosferycznych
na terenie całego kraju. Zanim zdecydujemy się gdziekolwiek wyjść
minie trochę czasu. Biel dachów pokryje sadza
z kominów. Nasze ślady zagubią się wśród innych
i zbyt szybko zapadnie zmrok. Przenikliwy chłód
zmusi nas do odwrotu.

Note from the End of the Year

It's five o'clock, it snowed and buses probably won't leave
the depot until sand trucks clear the tracks of the streets.
An unextinguished cigarette is smoldering on the edge of the ashtray.
Dawn surprises us with each new attempt at invading
the apartment. We leisurely answer first phone calls.
We put on our clothes keeping watch on chairs, while the radio
informs us of worsening atmospheric conditions
all over the country. By the time we decide to go out somewhere,
a little time will pass. The white of the roofs will be covered by soot
from chimneys. Our tracks will be lost among others
and twilight will fall too quickly. Penetrating cold
will force us to retreat.

Polowanie na kangura

Stałem przed hallem dworca, patrząc na przejeżdżające
w dole samochody i twój cień zamaskowany obok wyjścia
z peronów. Maj spływał po nas niczym wrząca herbata
wylana przypadkiem na spodnie. Dziewczyny w minispódniczkach
szczuły swoimi zapachami. Musieliśmy uzbroić się w cierpliwość
i iść dalej. Na miejscu skorzystałeś z darmowego telefonu
(kołysząc przewodem słuchawki przypominałeś zaklinacza węży).

Lecz teraz, kiedy już wepchnęliśmy pod górną wargę snus,
który Baryła przywiózł ze Szwecji, odpieramy ataki przelatujących gołębi
i krążących dookoła Rumunów. Więcej milczymy niż rozmawiamy.
Raczej milczymy. Trzymamy się z daleka od krawędzi peronów
i miejsc oznaczonych tablicami wysokiego napięcia. Ty zaciągasz się
dymem z taniego papierosa, ja potem siedzącej obok kobiety.
Sytuacja staje się coraz bardziej przejrzysta, choć nie do końca

jesteśmy tego pewni.

Hunting for the Kangaroo

I stood in front of the station hall watching the cars
driving by down below and your shadow hiding near the entrance
to the tracks. May flowed over us like boiling tea
spilled on our pants by accident. Girls in miniskirts
baited us with their scents. We had to arm ourselves with patience
and continue on. When we got there, you used the free telephone
(swaying the cord of the receiver, you reminded me of a snake charmer).

But now, when we've shoved Baryła's chew from Sweden
under our upper lips, we fend off attacks of pigeons flying past
and circling Romanians. We're quiet more than we talk.
We're mostly quiet. We stay away from the edges of the tracks
and places marked with high-voltage signs. You inhale
the smoke from a cheap cigarette, I the sweat of a woman nearby.
The situation becomes more and more transparent, but we are not

quite sure.

Jest git. Nikt nic nie wie

Zwyczajny dzień. Nic się nie dzieje.
Matka podlewa rosnące na balkonie konopie,
które posadziłem wśród innych roślin. Mówię jej,
że jak tylko wyrośnie z tego coś porządnego,
to się niewąsko upalimy. Nie protestuje.
Nie uderza palcem wskazującym w czoło.
Myślę, że moja matka wie w czym rzecz.

It's Cool. Nobody Knows Anything

An ordinary day. Nothing is going on.
My mother is watering the weed growing on the balcony
that I planted in among other plants. I tell her
that as soon as it grows into something decent,
we'll really get stoned. She doesn't object.
She doesn't tap her forehead with her index finger.
I think my mother knows what's up.

Punkty zaczepienia

Od trzech dni to samo. Giorgio po wypaleniu większej porcji haszyszu
kładzie się spać, a ja śmiejąc się jak najęty opróżniam lodówkę
z jej zawartości: czuję nieziemski głód i mam chęć
na soczystego melona albo słoiczek czekoladowego masła.
Na okrytym ceratą stole walają się gotowe do opalenia lufki.
Resztki rozsypanego tytoniu wracają do blaszanego pudełka
po cukierkach. Czytam list od Tomka „już nawet nie pamiętam
jak wygląda słońce. No, chyba że widuję je w telewizji.
Ale nie mówmy o tym, czego ty nie widzisz". To jasne,
zamiast przegrzewać się w zatłoczonym metrze wolałbym omijać
ścięte mrozem kałuże. Zdążyłem już przyzwyczaić się do tych
nagłych skoków, zawahań, niekontrolowanych posunięć. Musiałbyś tu być,
już widzę jak z topografią miasta w tylnej kieszeni krążysz wśród
wąskich i rozkrzyczanych ulic spinając w klamry wiersze,
albo przystajesz przed sklepem z książkami szukając wśród nich
znajomych nazwisk. Wcale bym się nie zdziwił gdyby w rzeczywistości
tak się stało. Już drugi raz natknąłem się przy Furio Camillo
na kontrolę biletów. Po wyjściu ze stacji poraziły mnie
swoim zasięgiem opiłki słońca i przez moment wszystko
straciło jakikolwiek sens. W przeciwieństwie do ciebie
muszę znosić te przerywane sporadycznym deszczem fale ciepła.

Mija pierwsza połowa października i poza chłodniejszymi wieczorami
nic nie ulega zmianie: samoloty pasażerskie punktualnie
podrywają się do lotu, Afrykanerzy z rozłożonym
na chodnikach drobiazgiem stoją w tym samym miejscu
co zwykle, pracujące z nienaganną precyzją dźwigi
przenoszą stalowe konstrukcje i wypełnione betonem silosy.
Ci na skuterach bez trudności przedzierają się przez uliczne korki.
Reszta ustawiona w szeregu używając klaksonów pogłębia się
w narastającym stresie. Na Termini demonstracja socjalistów
tworzy przerwy w ruchu „ale nie mówmy o tym, czego ty

Points to Hang Onto

The same thing for the past three days. After Giorgio smokes out on hashish
he goes to sleep, and I, laughing like crazy, empty out the contents of
        the refrigerator:
I feel an unearthly hunger and I have the desire
for a juicy melon or a jar of chocolate spread.
Cigarette holders ready for smoking litter the table covered with oilcloth.
What is left of the spilled tobacco returns to the tin candy
box. I read a letter from Tomek, "I don't even remember
what the sun looks like. Well, maybe I see it on television.
But let's not talk about what you don't see." That's clear,
instead of getting overheated in the overcrowded metro I would prefer
        to walk around ·
the puddles covered with ice. I'd already managed to get used to those
sudden jerks, hesitations, uncontrolled movements. You should be here,
I can already see you wander around, the topography of the city in your
        back pocket,
the narrow, loud streets, fastening poems in clasps,
or stop in front of a store with books looking through them
for familiar names. I wouldn't be surprised at all if this really
happened. I've already run into ticket inspection twice
at Furio Camillo. After I left the station, shards of sun
struck me with their reach and for a moment everything
lost any kind of sense. Unlike you
I have to endure these waves of warmth, interrupted by sporadic rain.

The first half of October passes and besides the colder evenings
nothing undergoes change: passenger planes take off
on time. Africans with odds and ends spread out
on the sidewalks stand in the same place
as usual, cranes working with faultless precision
move steel frames and silos filled with concrete.
People on scooters break through the traffic jams.

nie widzisz". Materac na którym leżę jest miękki i sprężysty.
Od strony okna przenikają nieświeże oddechy współlokatorów.
Porzucone w przedpokoju adidasy z fosforyzującymi podeszwami
zrzucają z siebie ciężar schodzonych kilometrów.
Ich swąd nasilił się i rozniósł po całym mieszkaniu.
Wiem jak ma wyglądać ten wiersz lecz nie znam jego końca.
Gdybym obudził Giorgia miałbym już chociaż solidny argument
i wtedy sprawa byłaby jasna, ale to nie takie proste.
Kiedy śpi jest uodporniony na hałasy i wszelkiego rodzaju
manipulacje. Mógłbym ewentualnie wstrząsnąć nim
jak zapalniczką, w której kończy się gaz albo odciąć mu
dopływ tlenu przy pomocy poduszki jak Wodzu Bromden
w ostatniej scenie „Lotu nad kukułczym gniazdem".
Zostawiam go jednak w spokoju z plakatem na którym
anielska Cindy zachęca w stroju plażowym do uprawiania
gimnastyki. Chwilę potem podciągam żaluzje
aby wpuścić do pokoju resztki ocalałego światła.
Znowu zachmurzyło się. Pęknięta w oknie szyba drży
od przechodzącej nieopodal burzy. Zanim tu dojdzie zdążę
pościągać ze sznurów pranie i wysłać do ciebie list,
który przez moje roztargnienie nieomal tydzień przeleżał
pomiędzy książkami. Pewnie tkwiłby tam dalej i tracił
na aktualności gdyby nie to, że nabrałem nagłej ochoty
na kilka pikantnych wierszy Charlesa, którego ty tak bardzo
nie znosisz. Czasami zachowujesz się jak gdybyś
była o niego zazdrosna. Lubię kiedy złościsz się
z tak błahych powodów, kiedy obrażasz się na wszystko dookoła
i za moment znów widzę cię we wspaniałej formie.
Jesteś wtedy dla mnie tak diabelsko ciepła i nie przeszkadza ci
że wypijam o jedno piwo za dużo, że pocę się, że ogryzam
skórki wokół paznokci. Gdybym do tego jeszcze zaproponował ci
szklaneczkę ginu albo wyjście do kina z pewnością
nie patrzyłabyś się krzywo na solidnego skręta, który właśnie
leży przede mną i czeka na swoją kolej. Na razie wstrzymuję się.

Using their horns, the others left in line deepen
in the growing stress. At Termini a demonstration by socialists
creates a break in the traffic "but let's not talk about what
you don't see." The mattress I'm lying on is soft and springy.
The stale breaths of other tenants seep into the room from over
          by the window.
My running shoes with the phosphorescent soles, kicked off in the hall,
are shedding the weight of miles wandered.
Their stink grew stronger and spread through the whole apartment.
I know how this poem should look but I don't know its ending.
If I woke Giorgio up I would at least have a good reason
and then it would all be clear, but it's not so simple.
When he sleeps, he is impervious to noises and any kind
of manipulations. If I had to, I could shake him
like a cigarette lighter that is low on fuel or cut off his
oxygen flow with a pillow like Chief Browden
in the last scene of *One Flew Over the Cuckoo's Nest*.
However, I leave him in peace with the poster
of angelic Cindy in a bathing suit encouraging you
to exercise. A moment later I raise the blinds
to let the rest of the remaining sun into the room.
It got cloudy again. The cracked windowpane rattles
from the storm passing nearby. By the time it gets here I'll manage
to pull the laundry off the clotheslines and send you a letter
that because of my absentmindedness lay for almost a week
between some books. It probably would have stayed there longer and lost
its freshness if I hadn't suddenly developed a desire
for a few of the piquant poems by Charles, who you really
can't stand. Sometimes you act like you
were jealous of him. I like it when you are irritated
for such trivial reasons, when you are offended by everything around you
and in a moment I see you again at your magnificent best.
That is when you are so damn warm towards me and it doesn't bother you
that I drink one beer too many, that I sweat, that I bite

Czekam aż obudzi się Giorgio. Radio wyje jakimiś włoskimi
szlagierami, zbyt słodkimi i natrętnymi żeby mogły to znieść
moje uszy. Na balkonie u Filipińczyków moknie rozłożona
na suszarce bielizna. Sucha ziemia z zachłannością pochłania
nadmiar zgromadzonej w doniczkach wody. Już prawie
nie dostrzegam gestykulujących na skrzyżowaniach kierowców
i ponurych sprzedawców gazet, i podświetlanych nocą fontann,
i architektury mającej niewiele wspólnego z barwnymi pocztówkami.
Nie pociągają mnie swoim zapachem naperfumowane futra,
ani chińskie restauracje, ani dojrzewające przy ulicach pomarańcze.
Czuję się oszukany.

my cuticles. If in addition to this I offered you
a small glass of gin or going out to the movies you definitely
would not have looked disapprovingly at the fat joint which is lying
in front of me right now waiting its turn. I'm holding off for now.
I'm waiting until Giorgio wakes up. The radio is blaring some Italian
hits, too sweet and persistent for my ears
to handle. On the Filipinos' balcony, the clothes
spread on the drying rack are getting soaked. The dry earth greedily absorbs
the overflow of water collecting in the flower pots. I can hardly
make out the gesticulating drivers at the intersections anymore and
the gloomy newspaper vendors, and the fountains lit from underneath at night,
and the architecture that has so little in common with the colorful postcards.
Neither scented furs nor Chinese restaurants
nor oranges ripening on the streets attract me with their fragrances.
I feel cheated.

photo by Wojciech Wilczyk

Adam Wiedemann (b.1967, Krotoszyn), poet, prose writer and musical critic, graduated in Polish Literature from the Jagiellonian University in Kraków, where he is now a PhD candidate. He is also an editor of the Kraków-based literary bimonthly *Studium*. He has published the poetry books *Samczyk* (Male, 1996), *Bajki zwierzęce* (Animal Fables, 1996), *Rozrusznik* (Starter, 1998), *Ciasteczka z kremem* (Cream Cakes, 1998), and the collections of short stories *Wszędobylstwo porządku* (Ubiquity of Order, 1997) and *Sęk Pies Brew* (Sank Piss Brave, 1998). The last title is a homonym of the title of a series of miniature compositions by Gabriel Fauré, *Cinq pièces brèves*. He has been awarded the Kościelski Foundation Prize and twice nominated for the NIKE Prize.

trans. Agnieszka Pokojska

Dwudziesty siódmy

Ostatni wtorek sierpnia. Prezydent Lech Wałęsa
Zdecydował się wpuścić na dziedziniec Belwederu
Tłum emerytów wznoszących uwłaczające Prezydentowi okrzyki
Domagających się swoich praw czyli swoich pieniędzy.

Prezydent skierował do zebranych następujące słowa:
„Na dziedzińcu po lewej stronie wyłożona zostanie księga.
Uprzejmie proszę każdego z Państwa o wpisanie do niej
Jednego zdania najlepiej jednej linijki

Ale proszę się starać żeby zmieścić w niej dokładnie to
Z czym każdy z Państwa tu przyszedł. W ten sposób każdy będzie
Mógł się wypowiedzieć. Otrzymany w rezultacie wiersz
Zostanie Państwu głośno w mojej obecności odczytany.”

The Twenty-Seventh

The last Tuesday in August. President Lech Walesa
Decided to admit to the Belvedere courtyard
A crowd of pensioners raising outcries denigrating the President,
Demanding their rights, that is, their money.

The President spoke to the gathering in the following words:
"In this yard, to the left, a book will be placed.
I kindly request each of you to put in there
A sentence a single line at best

But please see that this line contains exactly what
Each of you had in mind coming here. Thus everyone will have
The chance to express themselves. The poem thereby effected
Will be read to you aloud in my presence."

* * *

— Już pan nie żyje — powiedział. — Już pan nie żyje,
panie Wiedemann. — Czekał na moją reakcję. Przyjąłem to
w milczeniu. — Gdybym ja tu nie siedział, już by się panu
ktoś wpakował w drzwi. I po panu. — Przyznałem mu rację
i sobie pomyślałem, no więc dobrze, nie żyję, trzeba to
wykorzystać najlepiej jak się da, od tej chwili już będę
jak ci anieli w niebie, bez żadnych obciążeń, bez skazy,
nie pozwolę się więcej prowokować światu, świat cały
mając do dyspozycji. Tylko że chore ścięgno wciąż dawało
o sobie znać, a z torby nie znikła chyba niewykorzystana
karta magnetyczna, którą będzie trzeba zanieść gdzieś
na ulicę Librowszczyzna, żeby chamy oddali forsę (o tak,
lepiej żeby nie znikła): nie umarłem sam. I zaraz się wpier-
doliłem na skrzyżowanie przy żółtym świetle. Ale co tam,
dzisiaj mogę umierać bez przerwy, wielka mi rzecz.

Kraków, 12 czerwca 1992

* * *

"You're as good as dead," he said. "You're as good as dead,
Mr. Wiedemann." He waited to see how I'd react. I took it
in silence. "If not for me sitting here, somebody would have
barged in by now. And that would be the end of you." I agreed
and thought to myself, well OK, so I'm dead, so I'll have to
make the best of it, from this moment on I will start to be
like those angels up in heaven, absolutely free, absolutely flawless,
I won't let the world provoke me any more, the whole world
being at my fingertips. But my strained tendon still ached,
and the probably unused magnetic phone card didn't disappear
from my bag and would have to be taken to Librowszczyzna Street
somewhere so that these assholes repay the money (o yes,
it'd better not disappear): I died not alone. And then I fucking
crossed the street when the lights were yellow. But what the hell,
I may as well be dying again and again today, big deal.

Kraków, June 12, 1992

Pożegnania

Przedwczoraj po śniadaniu, na ziemi niemieckiej,
postanowiłem się ogolić, wyjąłem z plecaka maszynkę
i mydło, będące aktualnie kością niezgody między
mną i Beatą Zużewicz, i ręcznik,

i poszedłem w to miejsce, gdzie za drobną sumę
można było zakupić 10 rodzajów prezerwatyw,
a starzy niemieccy generałowie odlewali się równocześnie
jak na komendę, w lustrze zobaczyłem nareszcie

szramę na swoim czole, dawno już przecierpianą,
zdjąłem koszulę, przez chwilę przyglądałem się
jej brudnemu kołnierzykowi, zostałem w podkoszulku.

Ogolony, wróciłem do stolika; tam przy reszcie kawy
wymieniliśmy z Beatą Zużewicz jeszcze kilka złośliwości,
zresztą coraz drobniejszych, wreszcie wyszliśmy na stopa,

długo nas nikt nie zabierał, aż w końcu zauważyłem,
że nie mam na sobie koszuli, nie było jej też w plecaku,
wróciłem do tego baru, w łazience też jej nie było;
— Jemand mußte mitnehmen — powiedziała pani bufetowa.

Wróciłem z niczym, a wtedy czymś tkliwie niezapomnianym
wydał mi się ten ostatni rzut oka na brudny kołnierzyk.
Więc chyba po to się znamy, żeby się kiedyś pożegnać:
przypadkiem i od niechcenia i nie na zawsze, a jednak.

poświęcone pamięci Kazumiego Yonekawy

Kluczbork, 30 czerwca 1992

Goodbyes

The day before yesterday after breakfast, on German soil
I decided to shave, I took out the razor from my backpack,
and soap, for the time being a bone of contention between
myself and Beata Zużewicz, and a towel,

and went where with a little money
ten varieties of condoms could be bought,
and old German generals pissed simultaneously
as if on cue, in the mirror I saw at last

a scar on my forehead, long since healed,
took my shirt off, looked at the dirty collar
for a moment, wearing only an undershirt.

Shaven, I returned to the table: there, over what little coffee was left
I exchanged some more caustic comments with Beata Zużewicz,
less and less caustic by the way, at last we went out to hitch a ride.

For a long time no one stopped, and finally I noticed
that I didn't have my shirt on. It was not in my backpack,
I went back to that bar, and it was not in the toilet either;
Jemand mußte mitnehmen, said the stout barmaid.

I came back empty-handed and then it felt tenderly unforgettable
that one last look I had cast at the dirty collar.
That is, I guess, what we know people for, to say goodbye one day:
casually and nonchalantly, and not for ever, but still.

in memoriam Kazumi Yonekawa

Kluczbork, June 30, 1992

Druga młodość papryczki

papryczka: taka zwiędła kiedy ją kroiłem
teraz wierzga mi w brzuchu jak młode źrebiątko

Kraków, 15.4.96

The Rejuvenation of a Small Pepper

small pepper: so wrinkled when I chopped it up
now kicking in my belly like a young colt

Kraków, April 15, 1996

Bez tytułu

O tytuł walczą:
Mike Tyson i Evander
Holyfield.

Kraków, 29.6.97

Untitled

Contenders for the title:
Mike Tyson and Evander
Holyfield.

Kraków, June 29, 1997

Dariusz Suska (b.1968), a graduate in Physics at Wrocław University, works as a journalist for the culture section of *Gazeta Wyborcza*, the most popular Polish daily. He has published three volumes of poetry: *Rzeczy, które były światem* (Things That Were the World, 1992), *DB 6160221* (1997), and *Wszyscy nasi drodzy zakopani* (All Our Dear Buried Ones, 2000).

trans. Margarita Nafpaktitis

Zajęcia aniołów

Czy tak, czy tak — Bezmierni — były urządzone,
nim popłynęły strumienie pracownie aniołów.
Małe manufaktury, w których poczyna się ludzkość,
formowaną z gliny w dziwnokształtnych piecach,
kosmicznych dymarkach programowanych przez komputer,
z duszą wstrzykiwaną w sterylnej nicości.
Czy tak, czy tak — Bezmierni — galaktyczną rudę
koronuje dotyk pieszczotliwych skrzydeł,
władcy i wojskowi, aktorzy, modelki,
produkty pierwszej jakości pierwszorzędnych mistrzów,
duchów opiekuńczych, pełniowładnych tchnień,
rozumiejących jak mogą rozumieć istotni,
współczujących leniwie, z przymrużeniem oka,
z półuśmiechem kosmosu ze snów astronomów.
Czy tak, czy tak — Bezmierni — wychodzą spod piór
nieumiejętnie gniotących piaskowatą maź,
tę zanieczyszczoną, z peryferii światów,
wyroby drugorzędnych, pomniejszych aniołów,
jeszcze czeladników w rzemiośle stworzenia,
łamiących proporcje czasu i wieczności,
zapominających o rytuale, formułach kreacji:
potwory, kaleki, karły z wodogłowiem,
odrzuty z eksportu rozumnej substancji
na planetę rojącą się od form haniebnych.
Wyraźnieje jesień na żółtych kasztanach
bez racji i uwagi należnej nieszczęściu
patrzę na popołudnie, gołębie na dachu.
I śnię buntownika z ironicznej gliny,
twór kiepskiego praktyka w fachu stworzycieli,
rozpiętego na desce, przebitego włócznią.
Czy tak, czy tak — Bezmierni — w micie ocalenie.

The Works of Angels

One way or another — O Infinite Ones — the angels' workshops
were set up before the streams flowed.
Small factories in which humanity is conceived,
formed out of clay in oddly shaped ovens,
cosmic smelting furnaces programmed by computer,
with a soul injected in sterile nonentity.
One way or another — O Infinite Ones — galactic ore
crowned by the touch of caressing wings,
rulers and military men, actors, models,
the high-quality products of top-notch craftsmen,
of guardian spirits, of omnipotent breaths,
understanding as only essential beings can,
lazily commiserating, with a wink of an eye,
with the half-smile of the cosmos from astronomers' dreams.
One way or another — O Infinite Ones — the polluted kind
come out from under quills
awkwardly kneading the sandy greasy stuff,
from the periphery of worlds,
the work of second-class, lesser angels,
still apprentices in the craft of generation,
smashing the proportions of time and eternity,
forgetting about ritual, the formulae of creation:
monsters, cripples, hydrocephalic dwarves,
rejects from the export of rational substance
to a planet swarming with vile forms.
Autumn sharpens on the yellow chestnut trees
without the reason and attention due to misfortune
I look at the afternoon, pigeons on the roof.
And I dream a rebel out of ironic clay,
the creature of a lousy practitioner of the creators' craft,
stretched out on a board, pierced with a spear.
One way or another — O Infinite Ones — in myth, salvation.

A dlaczego nie, pomyśl, zmartwychwstanie raków

A dlaczego nie, pomyśl, zmartwychwstanie raków?
I armia skorupiaków przed Ukrzyżowanym?
A także jest ważne, kto umrze za ważki,
jeżeli Chrystus nie umarł za ważki?

Bo pamiętam z wakacji odwłoki we wrzątku
nad sztyletem ogniska, kiedy świecą sosny,
a kawaleria komarów zaczyna powstanie,
więc dlaczego nie, pomyśl, tron sów i zaskrońców?

Tak się złożyło, że żyłem, a nie bardzo wiem
i w gryzącym dymie i pod skórą chłodu.
Tak się złożyło. Jem i czytam książkę
o tym, jak Minotaur pożarł Tezeusza.

So Think, Why Not the Resurrection of Crayfish

So think, why not the resurrection of crayfish?
And an army of crustaceans before the Crucified?
No less important, who will die for dragonflies,
if Christ did not die for dragonflies?

Since I remember from vacations, insects' abdomens in boiling water
above the stiletto of the campfire, when the pine trees are flickering
and a cavalry of mosquitoes starts an uprising,
so think, why not the throne of owls and grass snakes?

As it happened I was alive, but I don't really know
and in the acrid smoke and under a skin of cold.
It so happened. I eat, and read a book
about how the Minotaur devoured Theseus.

Podróż

Być może po trzydziestce zobaczę te miejsca,
o których na razie czytam tylko w książkach.
Zatrzymam się we Florencji, objadę Toskanię,
poruszy mnie kolor wysokich obłoków,

które mogłyby być dowodem na istnienie Boga,
gdyby nie to, że nie oczekuję już żadnych dowodów.
Być może po trzydziestce wtargnę w tamte kraje,
choć wciąż jeszcze mnie nie stać na przeżycie światła

tak oślepiającego, że wszystko oczyści.
Czasem myślę sobie, co z tego zostanie.
Czy tylko zdziwienie, że woda tak samo
wiesza się tam na rynnach, jak w podwórku obok?

Czy będzie, jak gdybym wcale nie wyjeżdżał
po nowe historie, krzepkie mitologie,
pogody tak zaskakujące, że tli się powierzchnia
rzek pod mostami spoconych autostrad?

Journey

Perhaps in my thirties I'll see all those places
that for now I read about only in books.
I'll spend a while in Florence. Tour Tuscany,
be moved by the color of high clouds,

which could be proof of God's existence,
but I don't expect proofs anymore.
Perhaps in my thirties I'll raid those countries,
though it costs too much to experience light

so blinding it leaves everything pure.
Sometimes I think to myself, what will remain,
just amazement that water
clings to gutters as it does in the yard next door?

Will it be as if I didn't set out at all
in search of new histories, sturdy mythologies,
weathers so astonishing that the rivers' surface
glows under bridges of sweating highways?

Wychodzę z deszczu

Wychodzę z deszczu. Światło podzieliło się
na dwie pionowe strony, tutaj u zbiegu
pogód. Nie myślałem, że są miejsca,
w których deszcz się kończy. Nie myślałem,
że zobaczę odwracanie się stron. Po jednej
wykrwawiony jeż leży w deszczu jak senny
gwiazdozbiór. Po drugiej rozpostarta w czasie
figura Madonny.

I Am Coming out of the Rain

I am coming out of the rain. The light broke
into two perpendicular sheets, here at the crossing
of weathers. I didn't think that there are places
where the rain ends. I didn't think that
I would see the flip side. On one
a bloodless hedgehog lies in the rain like a sleepy
constellation. On the other, outstretched in time
the figure of the Madonna.

Chłopcy z plakatów

piszą: palenie tytoniu powoduje raka,
a obok tacy ładni chłopcy na plakatach
prężą swoje grecko-hollywoodzkie ciała,
w szybie autobusu odbija się cała

oszukańcza magia i przekleństwo wzroku,
bo gość z rurką w gardle umiera pięć kroków
dalej (z kluczykami w dłoni, polisą na wieczność
już na nic mu wiedza z Platona, że sprzeczność

między obrazem a jego spełnieniem
zdarza się w przyrodzie i wciąż jest natchnieniem
dla bezdusznych myśli wietrzących masakry
w każdym, kto się chwyta złudzenia jak tratwy)

Poster Boys

"smoking tobacco causes cancer," they write
but hunks on posters alongside
make their greco-hollywood bodies flex
the bus window reflects

the whole curse of vision and the magical lies
because a guy with a tube in his throat dies
five steps away (car keys in hand, insurance policy for eternity,
his knowledge from Plato no longer useful, that disparity

between the image and its realization
occurs in nature a constant inspiration
for soulless thoughts of massacres in the air
in those grasping at illusion like a life raft not there)

photo by Elżbieta Lempp

Artur Szlosarek (b.1968, Kraków), poet and translator, studied Polish Literature at the Jagiellonian University in Kraków and Comparative Literature at the University in Bonn. He lives in Berlin. His collections are *Wiersze napisane* (Written Poems, 1991), *Wiersze Różne* (Various Poems, 1993), *Popiół i miód* (Ashes and Honey, 1996), *Camera obscura* (1998), and *List do ściany* (Letter to the Wall, 2000). He has translated poems by Paul Celan. He has been awarded the Kościelski Foundation Prize and nominated for the NIKE Prize.

trans. Anna Skucińska

Errare humanum est

twoja cywilizacja, słowiańskie zabobony,
leśne bóstwa, miłość wśród gęstwiny
lub ciemną nocą, księgi, nieobliczalni
królowie, księżniczki bezecne i czyste,

szlaki niezmierzonego handlu, ciągłej
wymiany cnót, przestróg, miłości i monet,
chleb i łzy, wóz lub przewóz, fortuna
jak koło się toczy, non omnis moriar,

szlaki od morza do morza, drogi ciężkie
do przebycia, pełne pragnienia, kurzu,
piasku, między miejscem urodzenia, życiem,
końcem, a niebem i ziemią, skórzane

bukłaki pełne sfermentowanego owocu,
kosze kwiatów i ozdób, wszystko co czyni
piękno jaśniejszym a brzydkie podnosi,
wszystko co możesz unieść i doznać,

miarowo kiwające się postacie, cienie
przenoszące się z miasta do miasta,
przewodnicy smakujący piach, niewidomi
znający przeznaczenie, dostojność i pycha,

żydzi szeptający do siebie kaddysz, zwróceni
na wschód muzułmanie, jezuici kreślący
krzyże na znak, mędrcy dalekich krain
zapatrzeni w siebie i zwierzęta,

Errare Humanum Est

your civilization, slavonic superstitions,
woodland deities, love in dense thickets
or at the dead of night, formulas, unpredictable
kings, princesses wicked and pure,

routes of boundless trade, of a constant
barter of virtues, warnings, of love and of coins,
bread and tears, one way or another, with ups
and with downs, non omnis moriar,

routes stretching from sea to sea, roads hard
to travel, filled with thirst, and dust,
and sand, between the birthplace, life,
the end, and the sky with the earth, goatskins

bursting with fermented fruit, baskets
of flowers and ornaments, all that makes
beauty brighter, that uplifts ugliness,
all that you're able to bear and experience,

figures swaying from side to side, shadows
sneaking from town to town,
guides tasting dust, blind men
who know fate, nobility and pride,

jews whispering kaddish, muslims
facing the east, jesuits drawing
crosses as a sign, sages of far-away realms
engrossed in themselves and in animals,

przestraszeni niewolnicy, rzymianie
znawcy kobiet i prawa, złodzieje,
szamani, artyści, i twoja wiara, przesłanie
i powtarzalność, kiedyś i dzisiaj:

pękający w pożądaniu świata archetyp, bajka
sobie pozostawiona, usta wspominające każdą
przeżytą chwilę, ręce nie mogące zapamiętać
rysów twarzy, nie mogące się zmierzyć,

pominąć i określić

bunches of frightened slaves, romans
experts in women and law, thieves,
shamans, artists, and your faith, the message
and the recurrence, then and now:

an archetype bursting in its desire for the world,
a fable left to itself, a mouth that recalls each
lived moment, hands unable to memorize
the face, unable to take their own measure,

to leave out and define

Je ne sais quoi

czy powinno się mówić
o sobie? jeśli tak, to dzisiaj,
przed chwilą, wracając z apteki
spostrzegłem, z jaką nonszalancką
zadumą starszy pan, wsparty
o rozrywany światłem załom
muru, trzymał w prawej dłoni
swoją sztuczną szczękę —

to nieważne, że pisząc to
słucham *crime and the city solution*
(*adversary — live*, nr 9),
że kupiłem chleb i właśnie palę
papierosa marki *gitanes*,
że idzie wiosna, że mam katar
i jestem draźliwie popędliwy,
że pracuję w teatrze —

myślę, że każdy jest
zobowiązany mówić wyłącznie
od siebie, tylko

Je Ne Sais Quoi

should one speak
about one's self? if so, today,
just now, on my way from a drugstore,
I noticed the nonchalant
deliberation with which an elderly man, propped up
against a wall torn apart
with light, was holding in his right hand
his denture —

it's unessential that, while writing this,
I'm listening to *crime and the city solution*
(*adversary — live*, no.9),
that I've bought bread, and I'm smoking
a *gitanes* cigarette,
that spring's coming, that I have a runny nose
and I'm testily impulsive,
that I work at a theater —

I think everyone is
obliged to speak exclusively
one's mind, only

* * *

wylewają się z nieba wodniste prześcieradła:
rozdzierają je tramwaje z zaparowanymi szybami — rozdarte zaraz
się zrastają i leją się dalej jakby ulica nie była dnem,

siedzę i czuję, jak zbiera się we mnie
lodowata kropla:
ona rośnie — ja szczękam zębami,

o czym myśleć w taką porę?
o akupunkturze?
o gorących igłach? gorących mrówkach?

starsi panowie spacerują aleją gnijących kasztanów,
milczą,
wszystko już zostało powiedziane —

a teraz twoja kolej artysto słowa, oznajmij,
że lubisz szpinak z czosnkiem,
zjedz tort urodzinowy —

modlę się: ześlij mi gołębie na znak, zrzuć
z wysokości promień, narzędzie i wolę, pozwól mi być
orędownikiem, pozwól, proszę —

sekunda dreszczy, wściekłe psy snów, ręce brązowe od mokrych gałęzi,
szaleję tu, wypluwam okrągłe ziarenka krzyku, wsadzam palec w usta
i żółć płynie ze mnie gorzka —

po parapecie ślizgają się szorstkie języki powietrza,
liżą mnie szorstkie języki powietrza,
zostawiają ślady w ustach —

***

down from the sky watery sheets are pouring:
streetcars with steamed-up windows tear them apart — torn, they immediately
merge and keep on pouring as if the street were not the bottom,

I sit and feel gathering inside me
an icy droplet:
it grows — my teeth chatter,

on a day like this what should one think about?
about acupuncture?
about hot needles? hot ants?

elderly men walk down an alley of rotting chestnuts
in silence,
everything has already been said —

it's your turn now, master of the word, announce
that you like spinach with garlic,
eat your birthday cake —

I pray: send me pigeons as a sign, cast down
a beam of light, will and a tool, let me be
an intercessor, let me, please —

a momentary shiver, mad dogs of dreams, hands brown with wet branches,
I'm getting mad here, I spit out round grains of a scream, I put my finger
          down my throat
and bitter bile flows out —

on the window sill, rough tongues of the air are sliding,
they are licking me, rough tongues of the air,
leaving their traces in the mouth —

cóż pocznę, gdy zabraknie ciebie,
dokąd pójdę, twój
miś pluszowy,

jasna
świeco głodu w ustach?

cóż pocznę, gdy zabraknie ciebie,
dokąd pójdę, twój
miś pluszowy,

jasna
świeco głodu w ustach?

***

opowiem ci
jak bardzo mnie nie ma:

nie uwierzysz — przychodzę do ciebie, gdy moja krew zaczyna oddychać
napojem słodszym od miodu,
ta pora wyciska z szyby — przez którą teraz patrzysz i widzisz — moją łzę,
którą, choć nie dotykasz, mógłbyś dotknąć,
mój ulubiony jałowiec wspina się wyżej i wyżej, jakby postanowił siebie
przerosnąć —

tak bardzo wierzę w życie, że aż nie mogę
przestać mu przeczyć,
sprawdź, jestem zimny, ale tętnię, pijąc za twoją radość ze wszystkich
blisko brzmiących mi głosów —
bardzo dawno, nad morzem, pieściłem językiem kamienie i rzucałem
przed siebie z całej siły, myśląc, że karmię fale,

dzisiaj sądzę po sobie, jakbym był i dla ciebie
żywą miarą

***

I'll tell you
how much I do not exist:

you won't believe it — I come to you when my blood starts breathing in
a potion sweeter than honey,
this hour wrings out of the window pane — through which you can look
      now and see — my tear,
which, though you don't, you could touch,
my favorite juniper climbs higher and higher, as if it conceived itself
outgrowing itself —

I believe in life so much I cannot
stop contradicting it,
see, I'm cold but I'm throbbing, as I drink to your joy out of all
the voices that sound close to me —
long long ago, on the seashore, I used to caress pebbles with my tongue
      and throw them
in front of me as far as I could, thinking I was feeding the waves,

now I judge by myself, as if also for you I were
a vital measure

Nox aliena

znów: pachniesz nieprzyjaźnie dymem, znowu:
zdumiony, że noc cię na niczym przyłapała (za oknem
przenikająco siwy jesienny deszcz), z uwagą słuchasz
tykania zegarka, tak jakby najmocniej istniało fizyczne
spóźnienie: pod zaczerwienionymi powiekami, w oporach
gestu, w płucach i na umyśle, bo oczarowane nikotyną —

co ukochują wątłe ramiona pamięci, płaczki? szklankę
ze słodką herbatą? garść fiszek przyduszonych cytatami?
książki nieczytane, choć otwarte i zamknięte na amen?
kwiatek żółknący pod sufitem, zioła od bliskich w butli
po hiszpańskim winie? lampę skubiącą skórkę zawahań?
(a może żyć to jednak skazywać kromkę chleba na śmierć?) —

na okiennej szybie z jednej strony najwilgotniejsza z wilgotnych,
uwalniająca ciepły dreszcz ciemność, z drugiej: wykapujący,
pluszczący migot, szumne światełko łuszczących się konturów
przynależnych jeszcze najmilszej osobie — i wszystko zaznaczone,
znaczone piętnem niemożności połączenia: przedmioty i cienie,
zaognione krawędzie, blaski igrające z plamami, res i verba:

powinność snu, pragnienie
trwania

Nox aliena

again: you smell of smoke, hostile, again:
amazed that night has caught you on nothing (outside
the window penetratingly gray autumn rain), you listen attentively
to your watch ticking, as if what existed most firmly was physical
delay: under the inflamed eyelids, in fumbling
gestures, in the lungs and the mind, bewitched with nicotine —

what attracts the feeble arms of memory, the mourner? a glass
with sweetened tea? a handful of paper slips choked with quotations?
books unread, though opened and closed for good?
a flower yellowing under the ceiling, herbs from friends in a bottle
once filled with spanish wine? a lamp picking at the cuticle of hesitations?
(but perhaps to live does mean to sentence a slice of bread to death?) —

on the windowpane, on the one side, the moistest possible
darkness, releasing a warm shiver, on the other: the dripping
splashing glitter, vociferous glimmer of flaking contours
that still belong to the dearest — and everything marked,
stamped with the mark of the impossibility of union: objects and shadows,
flaming edges, sparkles toying with spots, res and verba:

the duty to sleep, the desire
to remain

Mariusz Grzebalski (b.1969, Łódź) is a poet and editor. He studied Philosophy at Adam Mickiewicz University in Poznań. From 1995 to 1996 he was the editor-in-chief of the biweekly *Nowy Nurt*, which promoted poems written mostly by the generation of poets presented in this anthology. He has published the collections *Negatyw* (Negative, 1994), *Ulica Gnostycka* (Gnostic Street, 1997), *Boks szlachetna sztuka samoobrony* (Boxing: The Noble Art of Self-Defence, 1998), and *Widoki* (Views, 1998). He is a recipient of the Kazimiera Iłłakowiczówna Prize.

trans. Bill Johnston

Saturalion

M.

Na torach leżał śnieg.
Brudny, przepołowiony,
porysowany gwoździem.

Ktoś obcy stał w korytarzu
nie zdejmując płaszcza.

Piłem z glinianej miski
twojego brzucha.
Bez muzyki i maski.

Pod stopami umierała podłoga.
Sztuczna skóra kurzu
przywierała do drzwi.

Na dnie szafy
pełnej straconego czasu
przewracały się liście.

Niespokojne zwierzęta ścian
czekały na sygnał.

Saturalion

To M.

Snow lay on the tracks.
Dirty, bisected,
scratched with a nail.

A stranger stood in the hallway
without removing his coat.

I drank from the clay bowl
of your belly.
No music or masks.

Underfoot the floor was dying.
The artificial leather of the dust
clung to the door.

At the bottom of the cupboard
full of lost time
leaves were turning.

The restless creatures of the walls
were waiting for a signal.

Zamiast

Znów wszystko przebiegło inaczej,
potoczyło się nie tym,
a innym torem (znaczy: nie porównuj
skutków ze znanymi od podszewki
przyczynami, przebiegów bez zakłóceń
z nietypowością efektów).

Znów wyszło kto (co) ile
potrafi: język chciałby więcej powiedzieć,
ale tylko bardziej się plącze,
znane z dbałości o czystość ręce
są uwalane po łokcie (znaczy: nie szukaj
absolutnego schematu, bezbłędnej mapy
znającej parametry czterech wymiarów,
triady oferującej wyłącznie trzy hasła:
co? jak? po co?). Zamiast jednolitego krajobrazu
są zwichnięcia przestrzeni, nieskończony
rubikon szczegółu.

Instead

Once again everything happened differently,
followed not this
but another course (in other words: don't compare
effects with oh-so-familiar
causes, unproblematic progress
with the atypicality of outcomes).

Once again it came out who (what) was capable
of how much: the tongue would like to say more,
but it just gets more tied,
while the hands, known for their concern for cleanliness,
are dirty to the elbows (in other words: don't look for
an absolute pattern, a perfect map
that knows the parameters of the four dimensions,
a triad offering only three headings:
what? how? what for?). Instead of a homogeneous landscape
there are dislocations of space, the infinite
rubicon of detail.

Biegun

Myślę, że wyszedłem z morza.
Myślę, że kiedyś tam wrócę.
Myślę, że czeka mnie śmierć w wodzie.
Ale to później, to potem.

Teraz sobota — tak, na pewno sobota,
w obcym mieście (może to być
Toruń, Gdańsk, Bydgoszcz albo inne),
któregoś tam, w jakieś święto.

Na dobrą sprawę nie wiem, jak za to
się zabrać. Same zagadki. Miała być,
ale jej nie ma — wszystkie drzwi zamknięte.
Tylko ludzie spacerują wałami.

Przez chwilę patrzę, ale zaraz chowam się
w sobie, kurczę. Powolny zanik oddechu,
zanik pogody. Tylko rzeka nie chce.
Oznajmia coś. Szczeka głucho od środka,

wypluwa martwe gałęzie. Znów zgubiłem,
zapomniałem. Teraz rozchodzę się.
Jedna część w palcach mnie poplamioną serwetkę,
druga zamyka za sobą drzwi,

jeszcze inna szuka w kieszeniach zapałek.
Poza tym flagi, cholerny łopot flag.
Chłód wbija się w palce, na chama,
bez pytań.

The Pole

I think I came out of the sea.
I think I'll go back there one day.
I think that death by water awaits me.
But that will be afterwards, later.

Now it's Saturday — yes, definitely Saturday,
in an unfamiliar city (it could be
Toruń, Gdańsk, Bydgoszcz or another),
some date or other, some holiday.

To tell the truth, I don't know how
to set about it. Nothing but riddles. She was supposed to be here,
but she isn't — all the doors are closed.
Nothing but people walking the embankments.

For a while I watch, but soon I hide
in myself, curl up. The slow disappearance of breath,
of weather. Only the river is unwilling.
It announces something, barks dully from within,

spitting out dead branches. Once again I've misplaced,
forgotten. Now I scatter.
One part crumples a dirty napkin in its fingers,
the other closes the door behind it,

a third looks in its pockets for matches.
Apart from that the flags, the damn flapping of the flags.
The cold pierces my fingers, boorishly,
without asking.

Kłopoty z nadmiarem

Radykalność ostatnich kroków
zdążyła mnie zmęczyć. Nie nadążam.
Ale nie o czyjekolwiek odczucia
teraz chodzi. Tak myślę.

Już raczej: gdzie się podziać,
co z sobą zrobić? Bo większość
tych scen to tylko powtórki.
Powiem inaczej: stare błędy.

Więc miło było, i owszem,
skopać wszystkie drzwi w kamienicy,
na dachach samochodów dławić się
wiatrem. Namieszać, umoczyć.

Chęć była i próba, lecz zabrakło
skali. Teraz nic na dłużej.
Palisz, pijesz, śpiewasz *Sto lat*
w pewnych knajpach. Wystarcza,

bo musi. Jest listopad, będzie
grudzień. Więc dużo, dużo konfetti.
Jeszcze więcej. „Gra, taniec,
dekonstrukcja". Życie brodzi dookoła,

uchyla rąbka; ślizgasz się po
powierzchni. I tylko zima, jak zawsze.
Śnieg, dym za firanką,
ktoś patrzy przez palce. Wpadnij,

jeśli poczujesz zmęczenie, wpadnij.
Tylko proszę: żadnych rozmów.
Przyzwyczajam się do. Przyzwyczajam
się bez. Tak, tyle wystarcza.

Problems with Excess

The radicalness of final steps
has managed to make me weary. I can't keep up.
But it's not a question of anybody's
feelings now. That's what I think.

Rather: of where to go,
what to do with oneself. Because the majority
of these scenes are just repetitions.
Let me put it another way: old mistakes.

So it was nice, it really was,
to kick all the doors in the building,
to choke on wind on the roofs
of cars. To mess up, to wash out.

There was a will and an attempt, but scale
was missing. Now nothing is for long.
You smoke, drink, sing "For he's a jolly good fellow"
in certain dives. That's enough,

because it has to be. It's November, soon to be
December. So lots and lots of confetti.
Even more. "Games, dancing,
deconstruction." Life flounders about,

unveiling: you slide across
its surface. And nothing but winter, as always.
Snow, smoke outside the curtains,
someone looks through their fingers. Come by,

if you feel weariness, come by.
But please: no conversations.
I get used to having. I get used
to not having. Yes, that much is enough.

Buddyjska piosenka

Nieustępliwy pochód słońca —
zawłaszcza wszystko, co napotka
na swojej drodze. Jak morze
dokonujące cudów cierpliwości,
by w końcu, krok po kroku,
zagarnąć prowincje suchego lądu.

Dziś, pierwszy raz od miesięcy,
obudziłem się pewny i spokojny.
Za oknem pracuje rytmicznie
mechaniczne serce oczyszczalni,
gleba wchłania resztki brudnego śniegu,
wróble opanowały śmietnik —

wydziobują z kolorowych resztek
po świętach. Mój puls zrównał się
w końcu z pulsem tego miejsca
i ziemia obraca się we mnie, a ja
obracam się w niej. Zostałem zbawiony
albo szczęście opuściło mnie do reszty

i nie jestem już w stanie poznać
skali swojego upadku. Mówię wieloma
językami, choć staram się milczeć.
Z miłością blisko bywam, od kiedy
wyrzekłem się miłości. Pragnąc wiedzy,
ucząc się i doświadczając zrozumiałem,

że nie ma rzeczy niezbędnych dla życia.
Niczego nie odnalazłem, o nic też
nie jestem bogatszy. Ale, nawet jeśli
wypowiadam tautologię, chwalę świat.
Nawet jeśli mówię „nie wiem"
zamiast mówić „prawda".

Buddhist Song

The uncompromising progress of the sun —
it takes into possession all that it meets
on its way. Like a sea
performing miracles of patience,
so as ultimately, step by step,
to capture the provinces of dry land.

Today, for the first time in months,
I woke up assured and calm.
Outside the window the mechanical heart
of the purification plant is working rhythmically,
soil absorbs the remnants of dirty snow,
sparrows have taken over the trash cans —

they peck at colorful leftovers
from the holiday. My pulse has finally
fallen in with the pulse of this place
and the earth turns within me, and I
turn within it. I've been saved
or happiness has abandoned me so completely

that I'm no longer capable of recognizing
the scale of my downfall. I talk in many
languages, though I try to stay silent.
I've been close to love since
I swore off love. Longing for knowledge,
studying and experiencing, I came to understand

that there are no things indispensable for life.
I discovered nothing, and I am richer
by nothing. But even if
I utter tautologies, I praise the world.
Even if I say "I don't know"
instead of saying "true."

photo by Wojciech Wilczyk

Dariusz Sośnicki (b.1969, Kalisz) studied Philoso-
phy at the Adam Mickiewicz University in Poznań. From
1994 to 1996 he worked as a secretary and assistant edi-
tor of the biweekly *Nowy Nurt*. He has published the volumes
Marlewo (1994), *Aby twój uśmiech mógł trwać całe życie* (Let
Your Smile Last the Whole Lifetime, 1997), *Ikarus* (1998), and
Mężczyzna w dominie (Man in the Domino, 1999). He has received
the Kazimiera Iłłakowiczówna Prize and the Poetry Prize of the
magazine *Czas Kultury*.

trans. Katarzyna Jakubiak

Noc. Sklepik przy pętli

Jest noc i tak niespodziewanie przychodzi ci z pomocą
ten sklepik stojący przy pętli; możesz tu — nawet nocą —
kupić to wszystko, co się nosi w kieszeniach marynarki
(żetony do telefonu, chusteczki, zapałki,
gumy do żucia), a nawet zagrać w LOTTO — dajmy na to
metodą „chybił trafił", za podstawową opłatą.
Z resztą nie będzie kłopotów. Na przykład skośnooki
handlarz i ta żałosna oferta z daleka (zza Oki?),

która wprost przed nim, na strzępach gazet i folii,
leży pod warstwą pyłu i puchem kwitnącej topoli.
Albo znowu brunatne grzbiety wagonów stojących
za bramą zajezdni (na jednym — od samych pnączy
wysięgnika, niemal do skraju dachu — tubka z pastą,
na drugim szczoteczka do zębów i znak firmy; hasło
podyktuje ci pamięć: „numer jeden na świecie",
albo to: „aby twój uśmiech mógł trwać całe życie").

Dalej zaś, po drugiej stronie ulicy, taras baru,
który oglądasz codziennie wychodząc z tramwaju,
czasem odwiedzasz, i który nie pyta czy znów przyjdziesz:
nazwisko szefa — Gałczyński, wymalowane na szyldzie
i to jak Gałczyński dogląda śpiącego przy stole,
jest tego gwarancją. Jest też noc i choć nie zawsze w porę,
nie zawsze do tego, kto czeka, potrafi przyjść — a ty poznać —
to, co przychodzi z pomocą, to teraz prędko, tkwiąc tak

od łokci aż po uszy w mroku, godzisz się na nią —
i zaraz na tym umocnionym skrawku chcesz stanąć
i zanim zaczniesz się chwiać, dołożyć następny klocek.
Jest więc noc i zanim będzie dzień i noc z powrotem,

Night. A Little Store at the End of the Line

It's night, and suddenly it helps you out —
this little store at the end of the line; here — even at night —
you can buy everything that fits in jacket pockets
(phone cards, matches, Kleenex,
chewing gum), even play Powerball — let's say,
just by "quick-pick," for the least you can pay.
The rest will be no trouble. For instance, the slant-eyed
merchant and that pathetic offer from afar (from beyond the Oka?)

lying right in front of him on scraps
of newspapers and plastic, under a layer of dust
and fluff of blooming poplars. Or say, the brown spines
of tram cars behind the depot gate (on one — from the vines
of the metal arm almost to the roof edge — a tube of toothpaste,
on another a toothbrush and the company's name; the phrase
will come from memory: "the world's number one,"
or: "let your smile last a lifetime").

Further, across the street, the terrace of the bar
which you see every day, getting off the tram car,
which you sometimes visit, and which never asks if you'll stop by
again: the boss's name — Gałczyński, painted on the sign,
and the way Gałczyński nurses the sleeper on the table
guarantees it. There's also night, and though it's not always able
to come at the right time to the one who waits — nor you to recognize it —
that thing that helps you out; now stuck like this

from elbows to ears in darkness, you quickly accept it —
and right away you want to stand on this fortified patch,
and before you start to sway again, to add another block.
So it is night, and before it's day and night again and so on

i dalej w ten sam deseń, chcesz cieszyć się ze stałości
przynajmniej pewnych fragmentów tej gry — raczej gry w „ości"
niż tej, która się tu narzuca — z zarządów skutków i przyczyn
oraz innych więzów (węzłów na ciele języka?) przy czym

ma ci to starczyć na długo, więc skup uwagę, chęci
i ciesz się. Jest noc. Kartka. Sklepik stojący przy pętli.

in the same pattern, you want to enjoy the ceaselessness
of at least some fragments of the game — rather a game of "ness"
than the one which imposes itself here — through the order of effects
        and causes,
as well as other ties (knots on the flesh of the tongue?); while the case is:

it has to last you a long time, so focus your will, your mind,
and enjoy. It's night. A page. A little store at the end of the line.

Marlewo

Zimą, gdy mróz przenika przez ściany,
otwory w swetrze i skórę,
nie uciekniesz stąd —
choć miasto nawołuje najgłośniej.
Ani wiosną. A ona zbudzi wiejskich włamywaczy,
potem komary
i przejdzie na koniec w najsurowsze — lato.
Jesienią wilgoć w kątach —
za szafą, za tapczanem sypiące się farba i tynk,
smród, od którego boli głowa.

Do latryny, pod studnię i dół ze śmieciami,
trzy wąskie ścieżki wydeptane w trawie

— nie uciekniesz jesienią.

Marlewo

In winter, when frost penetrates the walls,
holes in the sweater, the skin,
you won't escape from here —
although the city calls out the loudest.
Nor in spring. And spring will rouse the small-town robbers,
then the mosquitoes,
and change finally into the severest of all — summer.
In autumn, dampness in the corners —
behind the wardrobe, behind the sofa-bed, paint and stucco peeling off,
a stench that makes your head ache.

To the outhouse, the well, and the garbage hole —
three narrow paths trodden in the grass

— you won't escape in autumn.

Odwilż (wersja 2)

Odwilż przyszła z odsieczą wyposzczonemu ptactwu.
Wróble się kłębią nad torbą pełną rozmarzających odpadków,
którą mróz niczym celnik przytrzymał na granicy dołu.
Wiatr lokuje swój gwizd w niższych rejestrach. Z domu,
który ogrzewam codziennie od pierwszych dni września,

wychodząc z torbami, wilgoć potknęła się i upadła.
Przygasł bunt grzybów, które uciska grubo nałożona farba.
Pościel, gdy ją upychać w tapczanie, zaczyna szeleścić
jak chrabąszcz, chcąc się wydostać z więzienia. Powietrze
jest bardziej suche, lekkie i powoli zmienia

swój smród w zapach, w brak woni; w końcu znika.
Śnieg gnije. Rynna niczym saksofon przeziębionego muzyka,
wypluwa strużki śliny, bańki powietrza i mdłe dźwięki.
Stanąłem przy szybie, bezpieczny. Szczelnie zamknięty
Nautilus zanurza się coraz głębiej.

Thaw (Version 2)

The thaw has brought relief to the famished birds.
Sparrows swarm over a bag full of defrosting scraps,
frozen to the border of the garbage hole, as if held by customs officers.
The wind pitches its whistling in lower registers. The house,
which I've been heating since the first days of September,

lets go of the dampness: leaving with its bags, it tripped and fell.
Fungus revolt has weakened, oppressed by the thick-layered paint.
The sheets, when tucked into the sofa-bed, start rustling
like a beetle, trying to get out of jail. The air
is drier and lighter — slowly turns

its stench into scent, no odor; then vanishes.
The snow rots. The gutter like a saxophone of a sore-throated musician,
spits out streams of saliva, bubbles of air, and bland voices.
I've come up to the window, safe. Tightly closed,
The Nautilus sinks deeper and deeper.

Pralnia

Umyliśmy się po kolei w plastikowej misce, wytarli
i wciągamy ręczniki na maszt sznura w kuchni —
sztandar mydlin, wilgoci i zapachów ciała.
Ciepłe prądy znad piecyka wzruszają powietrze
i nas skłaniają do frywolnych posunięć.
Nasze palce są tępe jak drewniane sztućce.
Nasza skóra jest głucha jak wosk.
Szyby zmętniały od pary i jest im niedobrze.
Zmatowieliśmy od pary i jest nam niedobrze.
Składamy się w kostkę, mokrzy, i kładziemy spać.

The Laundry

We've washed, in turn, in a plastic bowl, dried ourselves,
and we're hoisting the towel up the mast of the kitchen laundry line —
the flag of suds and dampness and the smell of our bodies.
Warm currents from the stove stir the air around,
Inspiring in us indecent displays.
Our fingers are blunt like wooden tableware.
Our skin is deaf like wax.
The windowpanes have hazed with steam and are feeling sick.
We've become dull with steam and are feeling sick.
We fold ourselves into squares, wet, and go to sleep.

Hydrant stoi przy Lachowickiej

jak posąg chłopca w berecie, z utrąconymi rękami.
Ubiegłoroczna trawa schnie, wrasta w spętane kolana i

słychać, jak trzeszczą nici rdzawego mundurka. Szczeliny
zielonookie w ulicy, szumy w głębi kanałów; nieco przejęci tkwimy

tutaj, czekając na transmisję, drzwi w kuchni mamy uchylone —
stacja wzmacniania nęcących odgłosów. W tamtą stronę

poszedł dziś transport resztek w worku z folii —
po posiłkach, po rannym rytuale pustym, pełnym woni

pasty do zębów i kawy. Innym, ciągle adresowanym od nowa,
wkrótce będziemy już sami: ty, ja, kilka toreb, pokurczona mowa.

There Is a Hydrant on Lachowicka Street

like a statue of a boy in a beret, with arms severed.
Last year's grass dries out, grows into the tied-up knees, and

you can hear threads of the rusty uniform cracking.
Green-eyed slits in the street, the humming

deep in the channels; a little moved we're stuck here, waiting for transmission,
the kitchen door ajar — an amplifying station for alluring sounds.
   In that direction

a load of leftovers in a plastic bag went off today —
after meals, after the morning ritual, empty, filled with the smells

of toothpaste and coffee. A different one, addressed anew each
time, we'll soon be ourselves: you, me, a couple of bags, shrunken speech.

Notes

Zbigniew Machej

"Kazimierz": *Kazimierz* — a former Jewish district in Kraków.

Marek Wojdyło

"Before the Storm": *Ja vas lubliu* — "I love you" in Russian.

"Law of Gravitation": *Oświęcim* — a town in southern Poland which came to be better known under its German name, Auschwitz, during World War II.

"An Evening Show": *Lotna* — a movie made by Andrzej Wajda in 1959, based on the Polish novel of the same title by Wojciech Żukrowski. The film depicts the Uhlans (lancers first employed in the Polish army and later in Western European armies) of the Republic of Poland, who, armed with lances and sabers, charged German tanks in September, 1939. Lotna is the name of a mare — an important symbol in the film.

Andrzej Sosnowski

"Life on the Korea": *Korea* — a slang name of the housing estate in Warsaw.

"Season in Hel": *Hel* — a town on the Hel Peninsula by the Baltic Sea.

Wojciech Wilczyk

"The First of May": *The First of May* — a national holiday and celebration of proletarian achievements during the Communist era. *Pust vsiegda budiet sonce* — "May there always be sunshine" in Russian. The refrain of a popular song that won one of the Polish song festivals.

"Toward the Square of Heavenly Peace": *Rakoczy utja* — "Rakoczy Avenue" in Hungarian. Ferenc Rakoczy II, Prince of Transylvania, led the War of Independence (1703-1711) against the Austrians, which was eventually overcome through force of numbers. During and after this war, the Hapsburgs demolished any medieval fortifications which had survived the Turkish period in order to deny their use to Hungarian rebels. *red scarves* — part of the official school uniform in Communist Hungary.

Marcin Baran
"Dreams Sweet as a Fuck": *The Rising* — the Warsaw Rising of 1944. *the left bank* — during the Rising the Soviet army was waiting on the left bank of the Vistula river, while on the opposite bank the insurgents were fighting against reinforced German divisions, hoping in vain for the assistance from the Soviet Command. *Praga, Śródmieście* — districts of Warsaw.

Krzysztof Koehler
"Memory": *Mickiewicz* — Adam Mickiewicz (1798-1855), the great Polish Romantic poet.

Darek Foks
"Translating *Pan Tadeusz* into Bulgarian": *Pan Tadeusz* — Polish national epic composed by Adam Mickiewicz, published in 1834.
"An Unsuccessful Attempt at Explaining...": *Margaret Thatcher* — British Prime Minister (1979-1990), *Bobby Sands* – IRA member who died on hunger strike in 1981. *Marian Kociniak, Grażyna Barszczewska* — popular Polish actors. *Bruno* — Bruno Jasieński (1901-1939), Polish futurist poet and member of the Left, author of *The Manikins' Ball* (1931), a grotesque drama.

Miłosz Biedrzycki
"(Henryk Grynberg)": *Henryk Grynberg* — Polish author (b.1937) writing about Jewish culture in Poland and the experience of Polish Jews during the Holocaust.

Marcin Sendecki
"From the Heights": *Ludwik Waryński* — Polish Communist agitator (1856-1889), tried in 1885 by the Russian government and sentenced to sixteen years hard labor; featured on the 100 zloty banknote prior to 1996. *Okhrana* — Tsarist secret police.

Adam Wiedemann
"The Twenty-Seventh": *the Belvedere* – the official residence of the Polish head of state, situated in central Warsaw.

Dariusz Sośnicki

"Night. A Little Store at the End of the Line": *Oka* — a river in western Russia. For many Polish people the Oka is a symbol of Soviet influence in Poland during and after World War II. It was in a small town Sielce on the Oka that, with Soviet approval and sponsorship, the 1st Warsaw Kościuszko Infantry Division was formed in May 1943. The Division consisted mostly of Soviet officers and Polish soldiers — volunteers — who had lived in the USSR. In October 1943 the Division became a part of the Soviet 33rd Army. The Oka River and the Kościuszko Division form the subject of a popular Polish song "Szumi dokoła las" [Woods Rustle Around], which until the 1980s was compulsory in Polish primary schools. In the song, the Oka and its surroundings remind the tired Polish soldiers of their country landscape and of the Vistula. *Gałczyński* — the name is the allusion to the name of a Polish poet, Konstanty Ildefons Gałczyński (1905-1953).

Translators

Charles Boyle works in publishing in London and has published five collections of poetry; his new book of poems will be published by Faber next March.

Ewa Chruściel graduated from the English Department of the Jagiellonian University, Kraków, Poland. She teaches English, writes poetry and translates contemporary British and Polish poets. She has also translated Jack London's *White Fang* and Joseph Conrad's *The Shadow Line*.

Jamie Harmon Ferguson is a Ph.D. student in the Comparative Literature and English Departments at Indiana University, Bloomington, specializing in conceptions of imitation and translation during the European Renaissance. He is currently working on a translation/critical edition of Joachim Du Bellay's *La deffence et illustration de la langue françoyse* (1549). While living in Poland, he founded a translation journal, *Open Boat*; the third issue has grown into an anthology of Polish poetry in translation (in progress). His upcoming publications include translations of Radosław Kobierski, Jerzy Jarniewicz, and others for an anthology from Arc Press, London.

Agnieszka Ginko-Humphries graduated from the Jagiellonian University, Kraków, Poland, with an MA in English Studies, completing a thesis on contemporary British poetry. She has translated numerous poets, including Jacek Podsiadło, Maciej Melecki, Sujata Bhatt and C.K. Williams, as well as philosophical and musicological writings. As an arts executive working for the Polish Cultural Institute in London, she is actively involved in promoting Polish culture throughout the UK. She is a poet herself.

Justyn Hunia is a poet, translator, composer and musician. He performs with his musical group Gargantua. He studied English and translation at the Jagiellonian University, Kraków, Poland. He has translated, among others, the poetry of Liz Lochhead, Eavan Boland and Cathal McCabe. He is currently translating *Fidelity*, an opera libretto by Philip Seward.

Katarzyna Jakubiak is a poet and a translator. She received M.A. degrees in English from the Jagiellonian University in Kraków and the University of Northern Iowa. Her thesis on metaphors of light and darkness in the poetry of Yusef Komunyakaa won UNI's Oustanding Master's Thesis Award in 2000. She has also translated Komunyakaa's poetry into Polish. Currently she teaches literature and translation at a teacher training college in Tarnów, Poland. Together with her students she is working on translations of Native American prose into Polish.

Bill Johnston specializes in translating 19th- and 20-century Polish prose and poetry. He has published five books of translations, including novels by Andrzej Szczypiorski, Stefan Żeromski and stories by Bolesław Prus. Sun & Moon Press in Los Angeles will bring out *White Magic And Other Poems* by Krzysztof Kamil Baczynski in his translations. He has also published shorter pieces by Adam Zagajewski, Krzysztof Koehler, Andrzej Stasiuk, and Włodzimierz Odojewski in a variety of literary journals. In 1999 he won a National Endowment for the Arts Creative Writing Fellowship to translate Juliusz Słowacki's *Balladyna* into English. He is currently working on that project and on Jerzy Pilch's contemporary novel *Inne rozkosze* (Other Pleasures), extracts of which have been published in *2B* and *Partisan Review*. He teaches applied linguistics at Indiana University.

W. Martin is fiction editor of *Chicago Review* and a doctoral student in Comparative Literature at the University of Chicago. He guest-edited "New Polish Writing," a special issue of *Chicago Review* (vol.46, nos.3&4, 2000). He has translated, among others, Marcin Świetlicki, Marzanna Bogumiła Kielar, Marcin Baran, Jacek Podsiadło, Artur Szlosarek. His translations of Natasza Goerke's short stories, *Farewells to Plasma*, is forthcoming from Twisted Spoon Press in Prague.

Cathal McCabe is a poet and translator interested in contemporary Irish, British and Polish poetry. He taught Irish and British poetry at the University of Łódź. He works as the Literature Officer at the British Council, Poland.

Margarita Nafpaktitis is a doctoral candidate in the Department of Slavic Languages and Literatures at the University of Michigan, Ann Arbor, working on her dissertation on the semantics of space in the literature of Russian modernism. She also has a strong interest in contemporary Polish literature and culture, as well as in translation from Polish and Russian. She has published translations of essays by Stefan Chwin and Ewa Lipska, among others, and several stories from her translation of Andrzej Stasiuk's *Tales of Galicia* appeared in *Chicago Review*, *2B* and *Periphery*.

Ewa Elżbieta Nowakowska is a poet, critic and translator. She graduated from the English Department, Jagiellonian University, Kraków (her M.A. thesis deals with English translations of selected conceptual metaphors in Bruno Schulz's prose); at present she works as a teacher of English. In 1999 she published her first collection of poems, *Dopiero pod pewnym kątem* [Only from a Certain Angle]. She has translated Thomas Merton's *Raids on the Unspeakable* and Jim Forest's *Praying with Icons* into Polish, and published her poems, essays and translations (e.g. William Blake and John Donne) in numerous literary magazines in Poland (e.g. *Topos, Fraza, Studium, Przekładaniec, Suplement, Inspiracje)*. She has received several literary awards for her poetry and literary criticism, including the Krzysztof Kamil Baczyński Prize.

Agnieszka Pokojska is a Kraków-based translator and editor at the Znak Publishing House. She studied English, Translation and Creative Writing at the Jagiellonian University, Kraków, and at the University of Cologne. Her M.A. thesis discusses the Polish translation of the post-war poetry of W. H. Auden. She has translated, among others, Norman Mailer, James Thurber, Penelope Lively and Joyce Carol Oates; she also translates for film and television.

Wiesław Powaga came to the UK in 1981 and stayed on following the imposition of martial law in Poland. He graduated in Philosophy and continued running his own carpentry workshop. Currently he is working as an editor at a British publishing house in London. His translation work includes fiction, poetry and drama, published in *The Dedalus Book of Polish Fantasy*, Dedalus 1995 (editor & translator), *The Eagle and the Crow*, Serpent's Tail (selection of stories), *Bruno Schulz, Complete Works*, Macmillan 1998 (selection of letters) and various literary magazines.

Anna Skucińska graduated in Classics and English from the Jagiellonian University in Krakow, where she is now a Ph.D. candidate. She works on the editorial board of the literary translation journal *Przekładaniec*. She has done translations for the Kraków-based publishing houses Znak and Universitas.

Dariusz Trześniowski studies English and literary translation at the Jagiellonian University in Kraków, Poland. His translations of Marcin Baran's poems were published in *Przekładaniec. A Journal of Literary Translation*. He teaches English at the Collegium Medicum UJ.

Elżbieta Wójcik-Leese teaches translation and contemporary literature in English at the Jagiellonian University in Kraków, Poland. In 1999-2000, as a Junior Fulbright Scholar, she did research on the Elizabeth Bishop Manuscripts at Vassar College, NY; currently she is writing her doctoral dissertation on Bishop's "portrait of a mind thinking" and cognitive poetics. She co-edits *Przekładaniec. A Journal of Literary Translation*; her translations of contemporary Polish poets, among them Marcin Świetlicki and Marzanna Bogumiła Kielar, have appeared in *Acumen, Chicago Review, The Spoon River Poetry Review*. She is co-editing a bilingual anthology of Polish poets writing in Canada, forthcoming in Ottawa, 2002.

Copyright Acknowledgments

Selected Bibliography

Moja Ojczyzna-Polszczyzna. Wybór poezji polskiej/ A Polish Anthology. Sel. T.M. Filip, trans. M.A. Michael. Duckworth, 3 Henrietta St, London, 1944.

Five Centuries of Polish Poetry, 1450-1950: An Anthology with Introduction and Notes. Ed. and translated by Jerzy Peterkiewicz and Burns Singer. London: Secker and Warburg, 1950; London and New York: Oxford UP, 1970; Westport, Conn: Greenwood P, 1979.

Introduction to Modern Polish Literature: An Anthology of Fiction and Poetry. Eds. Adam Gillon and Ludwik Krzyżanowski. New York: Twayne, 1964.

Postwar Polish Poetry. An Anthology. Sel. and ed. Czeslaw Milosz. Doubleday, 1965; Penguin, 1970; U of California P, 1983.

Explorations in Freedom: Prose, Narrative and Poetry from Kultura. Ed. Leopold Tyrmand. New York: Free P, 1970.

"Polish Poets." Ed. and introduced by Bogdan Czaykowski. *Modern Poetry in Translation*, spring 1975.

The New Polish Poetry. Eds. Milne Holton and Paul Vangelisti. Pittsburg: U of Pittsburg P, 1978.

Contemporary Polish Poetry 1925-1975. Ed. G. Madeline Levine. Boston: Twayne, 1981.

Contemporary East European Poetry. An Anthology. Ed. Emery George. New York, Oxford: Oxford UP, 1983; 1993.

Translation: Polish Issue, spring 1989. Ed. and introduced by Stanislaw Baranczak.

The Poetry of Survival: Post-War Poets of Central and Eastern Europe. Ed. and introduced by Daniel Weissbort. Penguin International Poets Series, 1991; 1993.

Polish Poetry of the Last Two Decades of Communist Rule: Spoiling Cannibals' Fun. Ed. and translated by Stanisław Barańczak and Clare Cavanagh, with a foreword by Helen Vendler. Evanston, Il: Northwestern UP, 1991.

Young Poets of a Young Poland. An Anthology. Trans. and introduced by Donald Pirie. London: Forest Books, 1993; UNESCO Collection of Representative Works, European Series.

Ambers Aglow: An Anthology of Contemporary Polish Women's Poetry (1981-1995). Compiled, translated and with a Critical Introduction by Regina Grol-Prokopczyk. Austin, Tx: Host, 1996.

New Polish Writing. Chicago Review, vol.46 (3&4) 2000.

Contemporary Polish Writing. Przekładaniec, special issue 2001.